Los Manuscritos
del
Mar Muerto

F.F. Bruce, M.A.
Profesor de Historia y Literatura Bíblica
en la Universidad de Sheffield

Apéndice de
Florentino García Martínez
Qumrán en el siglo XXI

editorial clie

A mis alumnos en la Universidad de Sheffield, que me han enseñado casi tanto como yo a ellos.

EDITORIAL CLIE
Ferrocarril, 8
08232 VILADECAVALLS
(Barcelona) ESPAÑA
E-mail: libros@clie.es
http://www.clie.es

Publicado originalmente en inglés bajo el título
Second Thoughts on the Dead Sea Scrolls by
Authentic Media Ltd, Milton Keynes, MK9 2BE,
United Kingdom.

Frederick Fyvie Bruce
LOS MANUSCRITOS DEL MAR MUERTO. Qumrá en el sigo XXI
ISBN: 978-84-8267-491-9
Clasifíquese: 2080- Estudios en el Nuevo Testamento
CTC: 01-30-2080-11
Referencia: 224747

Índice

Prefacio

Hace algunos años escribí un librito titulado *The Dawn of Christianity* [*El nacimiento del cristianismo*], publicado en Gran Bretaña como un volumen individual en la colección «The Second Thoughts Library» y en los Estados Unidos como primera parte de *The Spreading Flame*.* En él no puedo encontrar ninguna referencia a los rollos del mar Muerto. En el momento de escribir ese libro, las noticias sobre los rollos se estaban difundiendo con lentitud, pero en esa época no parecía probable que los nuevos datos fueran a contribuir de forma esencial al estudio de los orígenes del cristianismo. En la actualidad la situación es bastante diferente. Para muchos, los nuevos descubrimientos han provocado una revolución en nuestra comprensión de los orígenes del cristianismo. Aquellos que han parecido reticentes a admitir dicha revolución han sido reprendidos por su conservadurismo inapropiado, que se ha atribuido a inhibiciones religiosas. «Resulta difícil», afirma un autor, «para el académico clerical enfrentarse a ciertas implicaciones de los contenidos de los manuscritos del mar Muerto.» Tenemos que asumir que él mismo está dispuesto a seguir la verdad allí donde se encuentre. Pero también podemos estar seguros de que eso mismo pretende el «académico clerical» al que critica.

Otros deberán juzgar si las páginas que siguen son obra de un académico. Pero no se puede argumentar en su contra que sean obra de un clérigo. Un profesor laico en una universidad secular quizás esté libre de esas inhibiciones que se supone que encorsetan a sus colegas ordenados, pero nunca se sabe. Sin embargo, resulta adecuado decirlo desde el principio. Si escribiese ahora *The Dawn of Christianity*, en lugar de haberlo hecho hace siete años, sin duda sería un libro mucho mejor (porque se beneficiaría de la experiencia y, esperemos, la sabiduría acumulada de esos siete años), y con toda seguridad contendría numerosas referencias a los rollos

---

* *El fuego que se propaga.* Editorial Mundo Bíblico, 2008. *(N. del T.)*

del mar Muerto. Pero la revisión provocada por los rollos sólo afectaría a elementos no esenciales de la historia. Los puntos de vista principales serían defendidos con mayor confianza y vigor precisamente a causa de estos nuevos descubrimientos.

En consecuencia, el título de este libro no es *Revisión del nacimiento del cristianismo* sino *Los manuscritos del mar muerto*. Porque a medida que se dispone de más información sobre estos documentos, se tienen que revisar las estimaciones iniciales sobre su significado. Además, la palabra «revisión» debe interpretarse en un sentido amplio. Algunas de las ideas que se expresan aquí son probablemente interpretaciones a partir de terceras, cuartas o quintas revisiones. Pero con toda seguridad no serán las últimas.*

Con todo, el esbozo de la situación de la que surgen estos documentos está cada vez más claro; y al menos que se incorpore de repente en el cuadro un factor en este momento inimaginable, parece probable que las aportaciones de información, que se siguen publicando, modificarán una serie de puntos aquí y allí, pero en general ayudarán a rellenar el esquema y a aclararlo más que provocar la necesidad de una reinterpretación radical.

He intentado realizar una distinción clara entre las nuevas evidencias y las inferencias que creo que se deben deducir a partir de ellas. Espero haber tenido éxito en la tarea.

Le debo mi más profundo agradecimiento al señor David J. Ellis, del King's College de Londres, que ha proporcionado el frontispicio y la ilustración de la sobrecubierta, (en la edición original) al señor David F. Payne, de la Universidad Hebrea de Jerusalén, por la descripción de Masada citada en la página 52 y siguientes, y a mi esposa, por su ayuda en todas las etapas de esta obra.

Septiembre de 1956
F.F. Bruce

---

* En este párrafo el autor juega con el título de la colección "Second Thoughts" en la que apareció originalmente el libro. Como esto no tiene sentido para el lector español, se han eliminado las referencias a la colección original.

Prólogo

Cuando el rey persa Ciro acabó con el Imperio babilónico en el año 539 a.C., autorizó a un grupo de judíos exiliados a regresar a su hogar en Judea, desde donde habían sido deportados por Nabucodonosor dos generaciones antes, y a reconstruir su templo en Jerusalén. Al cabo de algunos años el templo fue reconstruido y los servicios religiosos estuvieron de nuevo en manos de los miembros de las antiguas familias sacerdotales, a cuya cabeza se encontraba Jesúa, vástago de la casa de Zadok, que había ocupado el cargo del sumo sacerdocio en el antiguo templo desde su consagración por el rey Salomón hacia 960 a.C. hasta su destrucción por los babilonios en 587 a.C. Pero, mientras la antigua familia sacerdotal fue restaurada en su oficio sagrado, la casa real de David, que también regresó del exilio, no fue restaurada en la realeza.

La nueva comunidad judía se organizó como un templo-estado, integrado por Jerusalén y unos pocos kilómetros a los alrededores. A la cabeza del estado se encontraba el sumo sacerdote, que controlaba los asuntos internos judíos; los intereses más amplios del Imperio persa eran responsabilidad del gobernador civil de Judea, que era nombrado por la corona. Cuando, después de doscientos años, el Imperio persa también llegó a su fin a manos de Alejandro Magno, no se produjeron cambios sustanciales en la constitución judía. Por encima de ellos tenían un gobernador macedonio en lugar de uno nombrado por el rey persa; tenían que pagar impuestos a la corte macedonia en vez de a la corte persa; estuvieron expuestos a la poderosa influencia de la cultura helenística. Sin embargo, los sumos sacerdotes de la casa de Zadok siguieron como antes a la cabeza del templo-estado judío. Así mismo continuó la situación bajo los ptolomeos, que heredaron el imperio de Alejandro en Egipto, y retuvieron Palestina bajo su control hasta 198 a.C. Cuando en ese año perdieron Palestina a manos de la dinastía rival de los seleúcidas, que habían ocupado la herencia de Alejandro en la mayor parte de Asia, la transición fue suave en lo que respecta a Judea. Naturalmente, la actitud creciente a seguir las tendencias occidentales había provocado una grave preocupación en los judíos más conservadores, pero no tenían ninguna queja contra el gobierno gentil, que garantizaba la constitución del templo y concedía la mayor libertad para la práctica de la religión judía.

Por una variada serie de razones se produjo un cambio con la ascensión de Antioco IV (Epífanes) al trono seleúcida en 175 a.C. Ya a principios de su reinado interfirió en la sucesión zadokita al sumo sacerdocio; más tarde intentó prohibir toda la religión judía. Esto condujo a una levantamiento nacional y religiosa, que consiguió al final la total independencia política de Judea. Los líderes de la sublevación, la familia sacerdotal de los asmodeos, se convirtió en la dinastía reinante del estado independiente, y asumió el sumo sacerdocio además de la dirección civil y el poder militar. De 142 a 63 a.C., los judíos conservaron su duramente ganada independencia bajo los asmodeos, pero en ese último año cayeron bajo el poder de los romanos, que reorganizaron todo el territorio al oeste del Éufrates como parte de su imperio. Pero los romanos dejaron un sumo sacerdote asmodeo a cargo de los asuntos internos de Judea durante más de veinte años. Sin embargo, en 40 a.C., la situación política en Asia occidental les obligó a nombrar a Herodes como rey de los judíos, y Herodes gobernó Palestina desde 37 a 4 a.C. siguiendo los intereses de Roma. Su hijo Arquelao, que lo sucedió en Judea, fue depuesto por el emperador romano en 6 d.C., y durante los siguientes sesenta años Judea fue gobernada por procuradores nombrados por el emperador, excepto durante tres años (41-44 d.C.), en los que un nieto de Herodes, Agripa I, reinó en Judea como rey. Desde el inicio del reinado de Herodes, los sumos sacerdotes, que desde entonces fueron nombrados por Herodes y sus descendientes o por los gobernadores romanos, tuvieron cada vez menos importancia, aunque en virtud de su cargo seguían presidiendo el Sanedrín, la corte suprema de la nación judía.

El desgobierno de los procuradores romanos, combinado con una intolerancia creciente contra el control gentil por parte de los nacionalistas judíos, condujo a la revuelta judía del año 66 d.C. y a la destrucción de la ciudad y del templo de Jerusalén por las fuerzas romanas en 70 d.C. Con la desaparición del templo, también llegaron a su fin los últimos vestigios de la constitución del templo y el sumo sacerdocio. Judea fue puesta bajo un control militar mucho más firme que con anterioridad. Pero en el año 132 d.C. estalló una nueva revuelta y fue proclamada la independencia de Judea por parte de un pretendiente mesiánico, conocido bajo el nombre de Bar-Kojba. Tras tres años de guerra de guerrillas el levantamiento fue aplastado. Jerusalén fue reconstruida por los romanos como una ciudad totalmente gentil, y se abrió un nuevo capítulo en la historia de Tierra Santa.

Este esbozo de las vicisitudes políticas de Israel bajo persas, griegos y romanos tiene como objetivo proporcionar un marco en el que nos podamos orientar con mayor facilidad cuando consideremos la situación en la que se redactaron los rollos del mar Muerto.

Capítulo I

LOS PRIMEROS DESCUBRIMIENTOS

¿Qué son los rollos del mar Muerto?

Son manuscritos que han ido saliendo poco a poco a la luz desde la primavera de 1947 en una serie de zonas ubicadas al noroeste del mar Muerto. Pero mientras concentramos nuestra atención en estos descubrimientos recientes —que son excitantes e importantes— vale la pena recordar que otros hallazgos de naturaleza similar han tenido lugar en la misma región en épocas muy anteriores. Tendremos ocasión de decir algo sobre estos primeros descubrimientos un poco más adelante,[1] pero los hallazgos contemporáneos se iniciaron por accidente cuando un pastor de cabras de la tribu beduina de Ta'amireh, llamado Muhammad adh-Dhib («Muhammad el Lobo») estaba apacentando un rebaño de cabras cerca del mar Muerto y en una cueva cerca de Wadi Qumran descubrió un almacén largo tiempo olvidado de documentos hebreos y arameos. Los relatos de esta aventura difieren en los detalles, pero lo que sigue es la descripción que realizó en *The Times* del 9 de agosto de 1949 el señor G. Lankester Harding, director de Antigüedades en el reino hachemita de Jordania:

> Una de las cabras se extravió mientras buscaba mejores pastos, y el pastor subió en su búsqueda por la empinada y rocosa ladera de la montaña, tropezando por casualidad con una pequeña apertura circular en la pared de roca. Con comprensible curiosidad miró con precaución hacia el interior, pero sólo pudo vislumbrar una caverna larga y

---

[1] Véase página 123 y siguientes.

13

oscura; por eso cogió una piedra y la lanzó al interior y oyó como algo crujía y se rompía. Nervioso y asustado ante la inesperada consecuencia de sus esfuerzos, se fue y regresó más tarde con un amigo. Cada uno animado por la presencia del otro, se deslizaron por la pequeña apertura hacia el interior de la caverna, y bajo la débil luz pudieron distinguir algunas grandes tinajas puestas de pie, una de ellas rotas por la piedra que habían lanzado hacía poco. A su alrededor se encontraban los fragmentos de otras tinajas, pero rápidamente procedieron a examinar el contenido de los recipientes intactos.

Sin embargo, en lugar del esperado tesoro de oro, sacaron a la luz una serie de rollos de cuero cubiertos con una escritura desconocida para ellos, pero no eran conscientes de que se trataba de un tesoro mucho más importante que si hubiera sido de oro.

Muhammad y uno o dos de sus amigos se llevaron los rollos a Belén y allí los intentaron vender. Después de unos pocos meses, algunos de los rollos fueron adquiridos por el monasterio ortodoxo sirio de San Marcos, en la Ciudad Vieja de Jerusalén; otros fueron a parar a la Universidad Hebrea. Se dice que los manuscritos llegaron primero a los sirios porque un jeque musulmán de Belén, al que se los mostraron, vio a primera vista que la escritura no era árabe y pensó que se trataba de un texto siríaco. El arzobispo sirio de Jerusalén, Athanasius Yeshue Samuel, reconoció que la escritura era hebrea, pero ni él ni sus colegas fueron capaces de determinar la naturaleza y el significado de los documentos. Por eso, el arzobispo consultó a numerosos expertos en Jerusalén que podrían aconsejarle. A finales de julio de 1947, unas pocas semanas después de que su monasterio hubiese comprado los manuscritos, consultó con un miembro de la *École Biblique*, una espléndida institución de estudios bíblicos y arqueológicos de Jerusalén, gestionada por dominicos franceses. En ese época un eminente académico holandés, el profesor J. van der Ploeg, de la Universidad de Nimega, estaba impartiendo una serie de conferencias en la *École Biblique* y le invitaron a que estudiase los manuscritos en el monasterio sirio. Identificó uno de ellos como una copia del Libro de Isaías en hebreo, de una fecha sorprendentemente temprana, pero cuando informó de lo que había visto a sus amigos en la *École Biblique,* uno de los estudiosos de mayor autoridad en este campo del saber le informó que era absurdo suponer que pudieran existir manuscritos hebreos de semejante antigüedad, y que los rollos que había visto debían ser una falsificación. En consecuencia, el profesor van der Ploeg no pensó más en el tema. (Poco después, los estudiosos de la *École Biblique* encontraron razones para cambiar de opinión y ninguna otra institución se ha dedicado con mayor nobleza a la adquisición y el estudio de los manuscritos del mar Muerto. Pero en ese momento su escepticismo era natural y razonable.)

Entonces los sirios se dirigieron a miembros de la comunidad judía en Jerusalén; después de todo, se podía esperar que los judíos tuvieran un interés especial en documentos hebreos antiguos. Dos bibliotecarios de la Universidad Hebrea visitaron el monasterio, pero no se creyeron capaces de formarse una opinión de lo que estaban viendo, y sugirieron que se le diera la oportunidad de examinar los rollos a un experto en paleografía de la Universidad.

Hacia finales de noviembre, el profesor Eleazar L. Sukenik, de la cátedra de arqueología palestina de la Universidad Hebrea, que había regresado hacia poco de los Estados Unidos, compró para la Universidad la mayor parte de lo que quedaba de los manuscritos que se habían retirado originalmente de la cueva, junto con dos tinajas en las que se decía que se habían encontrado algunos de los manuscritos. En esta época, no sabía nada de los manuscritos similares que había adquirido el monasterio sirio y cuando al final supo de ellos, le fue prácticamente imposible verlos. Estos eran los meses finales del protectorado británico en Palestina, cuando la tensión entre judíos y árabes crecía con rapidez, y no había posibilidad de ir y venir entre las zonas judía y árabe de Jerusalén y las áreas vecinas. Mientras tanto, Sukenik estaba examinando los documentos que había adquirido. Creía que debían proceder de alguna antigua *geniza*: un almacén en el que los judíos depositaban los escritos sagrados que estaban demasiado deteriorados para su uso cotidiano, hasta que pudieran ser eliminados de forma reverente. Y mientras más los examinaba, más aumentaba su excitación. Dos días después de su primera compra, escribió en su diario: «He leído un poco más de los "pergaminos". Temo que estoy yendo demasiado lejos al reflexionar sobre ellos. Pudiera ser que este fuera una de los descubrimientos más grandes realizados nunca en Palestina, un hallazgo que nunca hubiéramos podido esperar.» Poco antes de Navidades pudo comprar otra pieza de manuscrito, en muy malas condiciones. El presidente de la Universidad Hebrea, Dr. Judah L. Magnes, se preocupó con rapidez de que hubiera fondos disponibles para la compra de los rollos, y otro colega, el profesor J. Biberkraut, emprendió la delicada tarea de desenrollarlos, a pesar de su estado quebradizo, podrido y frágil.

Al final, hacia finales de enero de 1948, se convocó una reunión entre Sukenik y un miembro de la comunidad siria en el edificio de la Y.M.C.A.* en Jerusalén, que estaba situado en una de las zonas de seguridad establecidas por el gobierno del protectorado. Mostraron a Sukenik algunos de los rollos del monasterio y le autorizaron a que los conservase durante unos pocos días. De uno de ellos, un manuscrito del Libro de Isaías, copió numerosos capítulos por interés personal. El 6 de febrero devolvió los rollos y se dispuso la celebración de otra reunión en la que se esperaba la presencia del arzobispo sirio y del presidente de la Universidad, para acordar la compra de los rollos por parte de la universidad. Pero esta reunión nunca tuvo lugar.

El protectorado británico en Palestina llegó a su fin el 15 de mayo de 1948 y en los conflictos que le siguieron Jerusalén fue dividida en dos zonas: la judía y la árabe. El monasterio sirio se encontraba en la zona árabe, y en cuanto estalló la lucha armada se interrumpió la comunicación entre esta zona y la judía. Cuando, algunos meses más tarde, se reunió la Asamblea

---

* Young Men Christian Association [Asociación de Jóvenes Hombres Cristianos]. *(N. del T.)*

16

Constituyente del Estado de Israel, cada uno de sus miembros se encontró sobre la mesa una copia de Isaías 40 tal como lo había transcrito Sukenik del rollo sirio, junto con un resumen de los rollos y notas sobre el texto, comparándolo con la versión tradicional. Desde luego no se hubieran podido encontrar palabras más adecuada para la ocasión que el mensaje de consuelo del profeta: «Consolaos, consolaos, pueblo mío, dice vuestro Dios.»

Pero nos estamos adelantando a los acontecimientos. La tarde del miércoles 18 de febrero de 1948, el señor John C. Trever, director en funciones de la American School of Oriental Research en Jerusalén, recibió una llamada telefónica relacionada con unos antiguos manuscritos hebreos. Algo escéptico, descubrió que al otro lado del hilo se encontraba un sacerdote del monasterio sirio, el padre Burros Sowmy. El padre Sowmy le dijo que «mientras trabajaba en la biblioteca del convento, catalogando libros, había descubierto cinco rollos en hebreo antiguo sobre los que no había ninguna información en el catálogo.» Recordando un agradable contacto anterior con miembros de la American School, pensó que quizá podrían ayudarle con este tema.

Según acordaron, al viernes siguiente el padre Sowmy y su hermano, un sirviente civil, llamaron a la puerta de la American School con una cartera que contenía cinco rollos (o partes de rollos) envueltos en papel de diario, y un fragmento más pequeño de un manuscrito. Como no había cámaras disponibles en ese momento, el señor Trever copió a mano algunas líneas del rollo más largo. Mientras lo estaba haciendo, los visitantes le dijeron que los documentos no procedían realmente de la biblioteca del monasterio, sino de una cueva cercana al extremo septentrional del mar Muerto, donde los había encontrado un beduino.

El señor Trever llegó rápidamente a la conclusión de que la escritura hebrea de los rollos era más arcaica que cualquier otra que hubiera visto con anterioridad. Cuando se fueron sus visitantes, examinó las palabras que había transcrito y no tardó mucho en reconocer una parte del texto hebreo del Libro de Isaías. Al día siguiente visitó el monasterio (tras obtener con alguna dificultad permiso para acceder a la Ciudad Vieja de Jerusalén a través de la Puerta de Jaffa) y persuadió al arzobispo Samuel para que permitiera que se fotografiasen los rollos en la American School. Con ese propósito fueron llevados a las escuela el 21 de febrero y se inició inmediatamente el proceso de fotografiado. Sin embargo, uno de los rollos estaba tan deteriorado y resultó tan difícil de desplegar que se decidió esperar hasta que lo pudieran llevar a algún lugar en el que se pudiera desenrollar sin causarle más daños. Por la parte de la escritura que era visible, parecía que este rollo no estaba escrito en hebreo sino en su lengua hermana: el arameo.

En cuanto fue posible se revelaron las placas y algunas fotos del rollo de Isaías fueron enviadas por correo aéreo al profesor W.F. Albright de la Johns Hopkins University de Baltimore, posiblemente la figura más eminente entre los arqueólogos bíblicos del momento. El profesor Albright contestó a vuelta de correo, también aéreo, con una carta en la que decía:

> ¡Mis más cordiales felicitaciones por el mayor descubrimiento de un manuscrito en los tiempos modernos! No tengo la menor duda de que la escritura es más arcaica que la del Papiro Nash... Considero acertada una fecha alrededor de 100 a.C..... ¡Qué hallazgo más increíble! Y afortunadamente no puede existir ni la más mínima duda en todo el mundo sobre la autenticidad del manuscrito.

La excitación del profesor Albright quedará rápidamente explicada cuando recordemos que en esa época no se conocía que hubiera sobrevivido ningún manuscrito bíblico en hebreo de fecha anterior al siglo IX d.C. Por eso, si estaba en lo cierto al datar este manuscrito de Isaías alrededor del año 100 a.C., significaba que el intervalo que separaba la época en la que se escribieron originalmente los libros del Antiguo Testamento y la época de las copias hebreas más antiguas quedaba de repente reducido en cerca de mil años. El Papiro Nash, que menciona en su carta, es un fragmento hebreo de la biblioteca de la universidad de Cambridge que contiene los Diez Mandamientos, seguidos de las siguientes palabras: «Los estatutos y los mandamientos que Moisés enseñó a [los hijos de Israel] en el desierto cuando salieron de la tierra de Egipto: "Oye, oh Israel, el Señor nuestro Dios, uno es, y amarás [al Señor] tu Dios con todo tu corazón..."» Este papiro ha sido datado entre el siglo I a.C. y el siglo II d.C. (el propio profesor Albright prefiere la fecha más temprana); pero en cualquier caso, si el manuscrito recién descubierto era más antiguo que el Papiro Nash, las implicaciones del hallazgo resultaban revolucionarias. Aunque la confianza del profesor Albright en que la autenticidad del manuscrito estaba más allá de cualquier duda se vería finalmente confirmada, nos podemos preguntar cómo podía estar tan seguro en una fase tan temprana de los acontecimientos, cuando sólo disponía de fotografías para su análisis.

El último día de febrero, el director de la American School, el Dr. Millar Burrows, regresó desde Irak, donde había estado durante dos semanas. Su atención se vio cautivada de inmediato por los nuevos descubrimientos, y utilizó uno de los documentos como tema para lo que restaba de un curso de epigrafía que impartía en la escuela. Le comunicó al arzobispo Samuel su opinión sobre la antigüedad de los rollos, afirmando que el rollo de Isaías era, en su opinión, el manuscrito más antiguo conocido de cualquier libro de la Biblia. El arzobispo estaba profundamente impresionado por esta información; la profundidad de esta impresión se puede juzgar por el hecho que en menos de una semana había enviado los rollos a un lugar seguro fuera de Palestina. La exportación de antigüedades desde Palestina sin el permiso del Departamento de Antigüedades era ilegal, aunque la desaparición inminente de una autoridad central efectiva en el territorio pueda servir de atenuante.

A principios de 1949, el arzobispo Samuel llegó a los Estados Unidos con sus preciosos documentos. Los entregó durante un período de tres años a las American Schools of Oriental Research, que emprendieron la publicación de su contenido. En este punto habría que explicar que las American Schools of Oriental Research son dos —una en Jerusalén y otra en

19

Bagdad— y que el cuartel general en los Estados Unidos se encuentra en New Haven, estado de Connecticut.* El mandato del Dr. Burrows como director de la Escuela de Jerusalén llegó a su fin en la primavera de 1948 y ahora ya estaba de regreso en la universidad de Yale, donde ocupaba la cátedra Winkley de Teología Bíblica. Él y sus colegas, los doctores Trever y W.H. Brownlee, emprendieron la tarea de preparar los rollos para su publicación. Los rollos adquiridos inicialmente por el monasterio sirio eran cinco, pero pronto quedó claro que en realidad sólo eran cuatro, puesto que dos de ellos resultaron ser las dos mitades de un rollo original (el rollo que se conoce comúnmente como el *Manual de Disciplina*, pero que con mayor precisión se llama la *Regla de la Comunidad*).

Tres de los rollos fueron publicados en facsímil y transcritos con admirable rapidez.[2] El cuarto, sin embargo, que no pudo ser desenrollado para fotografiarlo en Jerusalén, seguía resistiéndose a su despliegue. Sin embargo, se había avanzado mucho en los preparativos para tratar el material de forma que fuera posible desenrollarlo sin provocarle daños irreparables, cuando expiró el tiempo acordado de cesión de los rollos por parte del arzobispo a las American Schools. A pesar de las peticiones para que les permitieran conservar el cuarto rollo durante algo más de tiempo, Samuel insistió en recuperar los cuatro. *The Dead Sea Scrolls of St. Mark's Monastery* [*Los rollos del mar Muerto del monasterio de san Marcos*], editados por Millar Burrows. Volumen I: *The Isaiah Manuscript and the Habakkuk commentary* [*El manuscrito de Isaías y el comentario de Habacuc*] (1950). Volumen II, Fascículo 2: *Plates and*

---

* En la actualidad la organización de esta institución académica ha variado sustancialmente y se puede encontrar más información en su página web: www.asor.org. *(N. del T.)*

[2] *The Dead Sea Scrolls of St. Mark's Monastery* [*Los rollos del mar Muerto del monasterio de san Marcos*], editados por Millar Burrows. Volumen I: *The Isaiah Manuscript and the Habakkuk commentary* [*El manuscrito de Isaías y el comentario de Habacuc*] (1950). Volumen II, Fascículo 2: *Plates and Transcription of the Manual of Discipline* [*Fotos y transcripción del Manual de Disciplina*] (1951).

Transcription of the Manual of Discipline [*Fotos y transcripción del Manual de Disciplina*] (1951).

Ahora que el mundo académico tenía suficiente información sobre la naturaleza de los rollos, se esperaba que alguna institución estuviera dispuesta a comprarlos. Pero —sin duda en parte por las incertidumbres alrededor de su propiedad legal— universidades y bibliotecas eran reticentes a realizar una oferta por ellos. Su venta también fue anunciada en las columnas de anuncios por palabras del *Wall Street Journal* en junio de 1954. Al final, el 13 de febrero de 1955 se anunció que habían sido comprados por el Estado de Israel por un importe de doscientos cincuenta mil dólares. El dinero sería empleado en labores religiosas y educativas en conexión con la Iglesia ortodoxa siria.

Así, cerca de ocho años después de su descubrimiento, las dos partidas de rollos volvían a estar reunidas bajo el mismo propietario. El primer ministro de Israel anunció que se construiría un museo especial para albergar los manuscritos recién adquiridos, junto con los comprados con anterioridad por la Universidad Hebrea, y que sería conocido como el Santuario del Libro.[3]

¿Qué eran esos manuscritos?

Empecemos por los que fueron adquiridos por el monasterio sirio. Uno de ellos, como ya se ha dicho más arriba, era una copia del Libro de Isaías en hebreo. Otro era una copia de los dos primeros capítulos del Libro de Habacuc en hebreo, acompañado de algo parecido a un comentario versículo a versículo, también en hebreo. El tercero —el que estaba dividido en dos— resultó ser el texto de un código de normas o «manual de disciplina» de una comunidad religiosa judía. Nosotros lo llamaremos la *Regla de la comunidad*. El cuarto se vio desde el primer momento que estaba escrito en arameo y no en hebreo

---

[3] Un excelente resumen del descubrimiento y de la compra de los rollos aparece en los dos primeros capítulos de la obra del Sr. Alegro, *The Dead Sea Scrolls* [*Los rollos del mar Muerto*].

como los otros tres. No fue desenrollado hasta después de su compra por el Estado de Israel. Poco después de que los rollos fueran llevados a los Estados Unidos por el arzobispo Samuel, el Dr. John Trever sugirió que probablemente se trataba de una copia del Libro de Lamec, una obra apócrifa mencionada en uno o dos repertorios antiguos. La razón para que creyese esto era que un fragmento visible del rollo contenía una frase en la que Lamec, padre de Noé, habla en primera persona y menciona a su esposa Bit'enosh.[4] Pero cuando apareció la noticia del despliegue y el desciframiento de este cuarto rollo en febrero de 1956, se anunció que no se trataba del Libro de Lamec, sino de una paráfrasis extendida en arameo de los capítulos 5 a 15 del Libro de Génesis, en la que no sólo Lamec, sino otras figuras principales de la narración del Génesis (por ejemplo, Abraham) explicaban su parte de la historia en primera persona.

Los rollos comprados por el profesor Sukenik en noviembre y diciembre de 1947 resultaron ser tres,[5] aunque uno de ellos estaba dividido en cuatro piezas. Este último se trataba de una colección de himnos de acción de gracias, la mayoría de los cuales comienzan con las palabras: «Te doy gracias, oh Señor, por...» Otro de ellos era una obra de lo más interesante que Sukenik tituló *La guerra de los Hijos de la Luz con los Hijos de las Tinieblas*. (Nos referiremos a ella por su verdadero título, mucho más corto, *Rollo de la Guerra*.) Le gustaba explicar como, mientras estudiaba minuciosamente esta descripción del antiguo arte de la guerra en los oscuros días de 1948, cuando los proyectiles volaban sobre Jerusalén, tenía a veces dificultades para distinguir entre la realidad contemporánea y la remota situación descrita en el rollo que estaba estudiando. El tercer rollo que había adquirido era otra copia de Isaías, en la que el texto a partir del capítulo 41 estaba razonablemente

---

[4] Bit'enosh también aparece como el nombre de la esposa de Lamec en *El Libro de los Jubileos*, otra paráfrasis expandida de Génesis, compuesto en el siglo II a.C. Véase p. 99.

[5] Su edición de los mismos fue publicada póstumamente en Jerusalén: *The Dead Sea Scrolls of the Hebrew University* [*Los rollos del mar Muerto de la Universidad Hebrea*] (1955).

completo, mientras que el texto de los capítulos anteriores sólo había sobrevivido en una docena de fragmentos. Los tres documentos estaban en hebreo.

Más adelante diremos muchas más cosas sobre los tres. Pero ya hemos visto la importancia que se les dio prácticamente desde el mismo instante en que fue anunciado su descubrimiento. Si la datación que les fue fijada por hombres como los profesores Albright, Burrows y Sukenik se podía considerar correcta, significaba que habían salido a la luz unos manuscritos de las Escrituras hebreas que eran al menos mil años más antiguos que los conocidos hasta el momento. Naturalmente, semejante pretensión de antigüedad fue recibida con considerable escepticismo. La posibilidad de un descubrimiento de este tipo había sido totalmente descartada. La mayor parte de los estudiosos de los textos del Antiguo Testamento se habían resignado definitivamente a aceptar el intervalo de un milenio que separaba la fecha de las copias más antiguas que habían sobrevivido de las Escrituras hebreas, de la fecha en que fueron redactadas originalmente las últimas partes de las mismas Escrituras. (Y las partes más antiguas de las Escrituras hebreas habían sido redactadas en su origen aún un milenio antes.) Nada menos que una autoridad como Sir Frederic Kenyon había escrito en *Our Bible and the Ancient Manuscripts* [*Nuestra Biblia y los manuscritos antiguos*]: «De hecho no existe ninguna probabilidad de que encontremos nunca manuscritos del texto hebreo que se remonten a un período anterior a la formación del texto que conocemos como masorético»;[6] y en la última edición del libro, publicada en

---

[6] Se trata del texto producido por los masoretas, editores del texto hebreo en las escuelas de Palestina y Babilonia en los siglos VIII y IX d.C., que recogieron la pronunciación, la puntuación y la interpretación tradicionales de los escritos del Antiguo Testamento. Sin embargo, nosotros tenemos evidencias de otra fuente para el texto del Antiguo Testamento en el período pre-masorético; por ejemplo, manuscritos de la Septuaginta (la traducción pre-cristiana al griego del Antiguo Testamento) que han sobrevivido y que preceden en seis siglos o más a las primeras copias completas del texto masorético. He presentado un resumen de este tema en *The Books and the*

1939, se mantuvo esta afirmación (p. 48) porque representaba el consenso de la opinión académica tanto como cuando apareció la primera edición en 1895. Sin embargo, menos de diez años después de la publicación de la última edición, la situación había cambiado por completo; y el mismo Kenyon, antes de su muerte el 23 de agosto de 1952, aceptó y dio la bienvenida a la lectura de los nuevos descubrimientos que adelantaban en un milenio la evidencia textual para las Escrituras hebreas. Incluso antes de que salieran a la luz las nuevas evidencias, Kenyon creía que el texto masorético del Antiguo Testamento era un reflejo fiel de lo que lo autores originales habían escrito; vivió lo suficiente para ver confirmada su creencia por un tipo de testimonio que difícilmente se hubiera creído posible.

Pero muchos estudiosos pensaban que los que le habían otorgado con tanta rapidez una fecha tan temprana a estos manuscritos se habían precipitado. Se levantaron voces escépticas, y la expresión de este escepticismo era algo lógico y racional. Se recordaron famosos casos de falsificación; algunos recordaron, por ejemplo, el caso de un anticuario de Jerusalén llamado Shapira, que en la década de 1880 pretendía haber descubierto una antigua copia del Libro de Deuteronomio, fechada alrededor de 900 a.C., y que intentó vendérsela al Museo Británico por un millón de libras. La pretensión de Shapira impresionó a algunas personas, hasta que fue sometido a un escrutinio implacable por un distinguido arqueólogo francés, Charles Simon Clermont-Ganneau, que demostró que Shapira había escrito personalmente la copia en los amplios márgenes recortados de los rollos de las sinagogas, imitando la escritura de la Piedra Moabita, que se acababa de descubrir. En otro campo de estudio, se recordó como en la década de 1920 la pretensión de un italiano de haber descubierto los escritos perdidos del historiador romano Livio pudo engañar durante algún tiempo a un eminente latinista inglés.

Semejantes pretensión exigían el más escéptico de los exámenes. Si eran falsas, cuanto antes se desenmascararan,

---

Parchments [*Los libros y los pergaminos*], pp. 112 y ss.

mejor. Si eran válidas, la validez quedaría más sólidamente establecida si habían superado las pruebas más severas. Existe un escepticismo genuino que san Pablo nos recomienda en las siguientes palabras: «Examinadlo todo; retened lo bueno» (1 Tesalonicenses 5:21). Y este escepticismo genuino que lo comprueba todo es un aliado de la fe verdadera, no un enemigo de la misma.

En los Estados Unidos, un distinguido académico judío, el Dr. Salomón Zeitlin de Filadelfia, ha sostenido durante años prácticamente todos los argumentos concevibles en contra de la antigüedad de los rollos en la *Jewish Quarterly Review*, de la que es el editor.[7] (Es necesario añadir de inmediato que, con admirable imparcialidad, ha extendido la hospitalidad de sus páginas a los defensores de la antigüedad de los rollos.) Ningún estudioso inglés ha llegado al extremo del Dr. Zeitlin. Pero cuando se anunciaron por primera vez los descubrimientos, el profesor Godfrey R. Driver de Oxford jugó un papel muy saludable al exponer la debilidad de algunos argumentos aportados en apoyo de la antigüedad de los rollos, y pidiendo la prueba más incontrovertible para unas pretensiones que, según creía él, se habían planteado con demasiada ligereza.[8] Se debían investigar con urgencia cuestiones como la forma del enrollado y la composición de la tinta para comprobar las conclusiones que habían anunciado los paleógrafos. Él no negaba una fecha tan temprana, pero creía que los que estaban de acuerdo con ella debían tener en cuenta otras posibilidades. Más recientemente ha afirmado que los rollos contienen el testimonio de un texto del Antiguo Testamento «que (sea cual sea la fecha que se le atribuya) es más antiguo por varios siglos a nuestro texto masorético.»[9]

---

[7] En la actualidad ha reunido sus críticas en una monografía: *The Dead Sea Scrolls and Modern Scholarship* [*Los rollos del mar Muerto y los estudiosos modernos*] (1956).

[8] Véase, por ejemplo, su conferencia *The Hebrew Scrolls* [*Los rollos hebreos*] (1950) ante los Friends of Dr. William's Library.

[9] *Hibbert Journal*, octubre de 1955, p. 105.

Capítulo II

DESCUBRIMIENTOS POSTERIORES

La primera cueva

Evidentemente era de gran importancia que una comisión imparcial de investigadores, competentes para establecer las diversas líneas de prueba, pudiera visitar de inmediato la cueva donde se decía que se había encontrado los manuscritos. El Dr. Burrows explica[10] como él y sus colegas de la American School intentaron concertar una visita en marzo de 1948, pero las gestiones no llegaron a buen puerto. Poco después estalló la guerra entre los estados árabes e Israel y una visita quedó totalmente fuera de lugar mientras duraran las hostilidades. Cuando finalmente se llegó a una tregua en los combates y la frontera entre las diferentes partes estuvo bajo el control de los observadores de las Naciones Unidas, la parte septentrional de la orilla occidental del mar Muerto quedó dentro del territorio del recién extendido reino hachemita de Jordania. Gracias a la ayuda de un oficial belga que se encontraba entre los observadores de las Naciones Unidas, el capitán Philippe Lippens, que estaba personalmente interesado en el descubrimiento de los rollos, fue posible que un grupo visitara e inspeccionara la cueva en febrero de 1949. El señor G. Lankester Harding, director de Antigüedades de Jordania, se hizo cargo de la excavación de la cueva, con la cooperación del padre Roland de Vaux, de la dominica *École Biblique*.

Inmediatamente quedó en evidencia que habían sido precedidos por otros investigadores, que pudieron acceder a la cueva en noviembre o diciembre de 1948, habilitando un acceso

---

[10] En su libro, *The Dead Sea Scrolls* [*Los rollos del mar Muerto*] (1955), p. 6. En su momento este libro fue el resumen más completo, de mayor autoridad y más popular sobre el descubrimiento de los rollos.

a la mismo, a un nivel más bajo que por el cual había entrado inicialmente el pastor de cabras beduino, cavaron a través del suelo de la cueva y extrajeron los escombros a través de la nueva entrada. Esta excavación inexperta destruyó la mayor parte de las pruebas que la investigación oficial podría haber encontrado e interpretado. Uno de los investigadores extraoficiales dejó atrás una pista sobre su identidad en forma de una máquina para liar cigarrillos que llevaba su nombre; el señor Harding pudo devolvérsela más tarde y explicarle dónde la había perdido. Fue probablemente como resultado de esta excavación ilegal que el monasterio sirio pudo adquirir tres fragmentos del Libro de Daniel procedentes de dos rollos diferentes; uno de esos fragmentos contiene el pasaje de Daniel 2:4 donde el texto hebreo del libro da paso al arameo.

La excavación de la cueva por parte de los expertos fue llevada a cabo con el mayor de los cuidados; en consecuencia, fueron descubiertos varios cientos de fragmentos de cuero escrito y unos pocos fragmentos de papiro. La mayor parte de estos fragmentos eran tan pequeños y quebradizos que la excavación se tuvo que realizar con navajas, pinzas, brochitas pequeñas y los dedos, porque en caso contrario se habría provocado un daño irreparable. No se encontró ninguna tinaja intacta, pero había gran cantidad de fragmentos rotos y también numerosos trozos del lino en el que fueron envueltos los rollos antes de introducirlos en las tinajas.

El uso de tinajas para guardar los rollos era algo muy natural y extendido durante la Antigüedad. Existen ejemplos egipcios más antiguos de esta práctica y el Antiguo Testamento recoge como el profeta Jeremías, en vísperas del exilio babilónico, depositó las cartas de venta de una campo cercano a Jerusalén en una vasija de barro para que se pudiera conservar con seguridad hasta que el pueblo regresara del cautiverio (Jeremías 32:14). Una obra judía del siglo I titulada *La ascensión de Moisés* explica como Moisés entregó sus escritos a Josué con instrucciones de impregnarlos con aceite de cedro y depositarlos en tinajas de barro. (El aceite de cedro estaba destinado a preservar la piel o el cuero en el que se habían escrito las palabras; es posible que algunos de los rollos de Qumrán fueran tratados de esta forma antes de envolverlos en lino.)

Los fragmentos recuperados en la cueva incluían trozos de otros libros bíblicos en hebreo: Génesis, Éxodo, Levítico, Deuteronomio, Jueces, Samuel, Isaías, Ezequiel y los Salmos. Los fragmentos de Isaías resultaron pertenecer al rollo deteriorado de dicho libro que conservaba la Universidad Hebrea desde noviembre de 1947. Los fragmentos de Deuteronomio estaban escritos en un alfabeto arcaico: el alfabeto «fenicio» o paleo-hebreo en que se escribía el hebreo en los primeros tiempos, antes de que las letras «cuadradas» que ahora asociamos con el hebreo, fueran utilizadas para escribir esta lengua. Con anterioridad, las letras cuadradas se habían utilizado para escribir arameo, pero hacia finales del siglo III a.C. también se solían usar para escribir en hebreo, desplazando los antiguos caracteres fenicios. ¿Significa esto que los fragmentos del Levítico pertenecen a un manuscrito escrito en la época en que la escritura fenicia era de uso común para escribir en hebreo? Algunos lo creen así; un estudio retrasa la fecha hasta 450 a.C. Pero en el caso de este manuscrito, posiblemente estamos tratando con una escritura literaria profesional y estandartizada que se siguió utilizando durante dos o tres siglos sin sufrir demasiados cambios. Aún así, estos fragmentos del Levítico presentan evidencias para que se los pueda considerar más antiguos que cualquiera de los demás documentos encontrados en la cueva.

También había fragmentos de obras no bíblicas: comentarios de Miqueas, Sofonías y los Salmos; obras apócrifas como el *Libro de los Jubileos*, el *Libro de Noé* y el *Testamento de Leví*; obras relacionadas con la vida y el culto de una comunidad religiosa; colecciones de himnos, y otros documentos por el estilo.

Al difundirse las noticias sobre estos descubrimientos, aumentó la excitación de los estudiosos y en ese momento se plantearon una amplia variedad de propuestas sobre la fecha, el origen, el significado y el propósito de los rollos. La situación actual de los descubrimientos y de la publicación de los documentos demuestra un alto grado de cooperación entre musulmanes, judíos y cristianos de diversas tradiciones en una época en la que las enemistades raciales y religiosas se encuentran en plena ebullición en Palestina y en los territorios limítrofes. El profesor Sukenik, por ejemplo, mostró públicamente su agradecimiento a cristianos y musulmanes de Belén por la ayuda que le prestaron a él, un estudioso judío, para conservar con seguridad los rollos que había comprado para la Universidad Hebrea hacia finales de 1947. Desgraciadamente, un grado similar de cooperación amistosa (o al menos de tolerancia mutua) no resultó siempre evidente de parte de algunos de los estudiosos que se enzarzaron en lo que se llamó «La batalla de los rollos». Sin embargo, el polvo de esa batalla hace mucho tiempo que se ha disipado. A medida que se han ido realizando más y más descubrimientos y se han publicado sus resultados, se han vuelto cada vez más claras las líneas principales de las respuestas a cuestiones sobre la datación y la procedencia de los manuscritos.

Otras cuevas

Durante algún tiempo se supuso que la cueva en la que se habían realizado estos descubrimientos era la única caverna de este tipo en la zona. Pero los beduinos locales eran más optimistas. Los descubridores iniciales de los manuscritos no se habían dado cuenta de la importancia que le iba a dar a su hallazgo el mundo académico. Pero ahora sus compañeros de tribu, en su simpleza, consideraban que si se habían encontrado manuscritos en una cueva, debían existir más manuscritos que esperaban a ser descubiertos en otras cavernas que menudeaban a orillas del Wadi Qumran y de los cursos de agua cercanos. Así que empezaron a explorar a fondo la zona y en numerosas cuevas su diligencia se vio recompensada. Se difundió la noticia de que había más rollos a la venta y los precios que fijaban ahora los descubridores eran considerablemente más altos de lo que Muhammad adh-Dhib y sus compañeros habían recibido por el lote original. Con toda seguridad, esta empresa privada era ilegal, puesto que las antigüedades se debían entregar a las autoridades gubernamentales. Pero en el caso de antigüedades tan frágiles como éstas, se debía tratar con diplomacia a los descubridores, para evitar que los preciosos documentos fueran vendidos a intermediarios o a turistas y quedaran dispersos, o en caso contrario perdidos o destruidos por un manejo descuidado o por quedar expuestos a la humedad. Instituciones académicas de todo el mundo fueron invitadas a cooperar en la adquisición de los manuscritos. Cuando las autoridades arqueológicas de Jordania caían sobre la pista de hallazgos recientes, recurrían a la buena voluntad y la ayuda cooperativa del beduino que se les había adelantado; y de esta forma fueron exploradas más cuevas y se realizaron más hallazgos. Unas diez cuevas en el Wadi Qumran contenían tesoros de este tipo. Estas cuevas fueron convenientemente designadas con números. La cueva en la que se realizó el descubrimiento original, naturalmente, se conoce como Cueva 1 —más abreviado 1Q, siendo Q la inicial de Qumrán— y las otras están numeradas como Cueva 2, Cueva 3 y así todas las demás.

En la Cueva 3 se realizó un descubrimiento único: rollos inscritos pero no de piel o papiro sino de cobre. Había dos rollos, pero uno de ellos consistía en dos tiras de cobre enrolladas juntas. Parecía como si originalmente estuvieran unidas extremo con extremo para formar una lámina de metal de unos dos metros y medio de largo por treinta centímetros de alto. Desde fuera estaba claro que contenían un texto, pero no fue fácil determinar qué decía. Los rollos no pudieron desenrollarse porque el cobre estaba completamente oxidado. Al final, a principio de 1956, fueron sometidos a un tratamiento experto en el Manchester College of Technology, bajo la dirección del profesor H. Wright Baker de la cátedra de ingeniería mecánica. Se introdujo un eje a través de los rollos; los rollos se cubrieron de pegamento, fueron calentados en un horno y cortados en tiras con una delgada sierra circular. Cada tira fue fotografiada mientras se cortaba y se retiró el polvo y los restos de la parte que quedaba en cada fase, mediante succión por vacío y un cepillo de dientes.

El texto que reveló consistía en alrededor de 3.000 letras, y la operación se había realizado con tanto cuidado y precisión que no se perdió más del cinco por ciento del texto, y del resto sólo alrededor de un dos por ciento resultó ilegible.

El contenido de estos rollos fue anunciado simultáneamente en Manchester y Ammán el 31 de mayo de 1956. Contenían una colección de tradiciones sobre los escondites de sesenta tesoros: oro, plata, incienso y cosas por el estilo. Este tesoro, según la inscripción, estaba depositado en escondites tan distantes entre sí como el monte Gerizim y Hebrón (a unos ochenta kilómetros de distancia), pero la mayor parte de los escondites se encontraban en los alrededores de Jerusalén. Las ubicaciones exactas indicadas serían difíciles de identificar en la actualidad; tres ejemplos de las direcciones aparecen citadas en la primera parte como sigue:

> ... En la cisterna, que se encuentra bajo la muralla, en la parte oriental, en un lugar excavado en la roca: seiscientos lingotes de plata...
>
> ... Cerca de allí, bajo la esquina meridional del pórtico de la tumba de Zadok,[11] y bajo la pilastra en la exedra, una vasija de incienso en madera de pino y una vasija de incienso en madera de casia...
>
> ... En la fosa cercana hacia el norte, cerca de las tumbas, en un agujero abierto hacia el norte, allí se encuentra una copia de este libro, con explicaciones, medidas y todos los detalles...

Todo el material para una caza del tesoro perfecta, en especial si se localiza la segunda copia del documento. Se nos dice que el oro y la plata relacionados pesan cerca de las 200 toneladas; y algunos de los tesoros estaban enterrados de 4,5 a 5,5 metros de profundidad. Mala suerte si los romanos o algún aventurero posterior tropezó antes con este tesoro; peor aún, si algún esenio devoto simplemente apuntó las direcciones como una especie de broma práctica para la posteridad.[12] Las letras

---

[11] Una referencia interesante si tenemos en cuenta que los propietarios de los rollos se llamaban a sí mismo los hijos de Zadok.

[12] Una hipótesis es que el documento sea una recopilación de tradiciones

estaban punzadas con rapidez (con unos diez puntos por letra), y los rollos fueron enrollados con descuido por manos inexpertas. El lenguaje es lo que se conoce como hebreo misnaico (post-bíblico) coloquial; este es el texto más antiguo que se conoce en este tipo de hebreo.

Esto conduce a una teoría ampliamente defendida de que los rollos de cobre contenía una serie de reglas y regulaciones colgadas en la pared del cuartel general de la comunidad. Pero también hay que señalar que el anuncio en alguna medida confirma la opinión expresada con anterioridad por el profesor K.G. Kuhn de la universidad de Göttingen, que en 1953 examinó toda la escritura que era posible descifrar en el exterior escrita al revés en los rollos de cobre, y concluyó que contenían una relación de los tesoros de la comunidad y los lugares donde fueron escondidos cuando abandonaron el cuartel general.[13]

Entre todas estas cuevas la que contenía la mayor abundancia de tesoros literarios era la Cueva 4. Decenas de miles de fragmentos de manuscritos fueron recuperados en esta cueva. Estos fragmentos habían formado parte en su momento de alrededor de 330 libros diferentes. Noventa de estos libros formaban parte de la Biblia. Cada libro del Antiguo Testamento estaba representado entre ellos, excepto Ester; algunos libros del Antiguo Testamento estaban representados numerosas veces. En todas las cuevas de Qumrán se han identificado más de 400 libros momento, como una descripción de la Nueva Jerusalén; comentarios y paráfrasis, colecciones de himnos, y documentos con un compendio de las creencias y las prácticas de una comunidad religiosa. Una hipótesis de trabajo razonable era que podía diferentes, algunos de los cuales prácticamente intactos, pero la gran mayoría sobreviven sólo en fragmentos.

Junto con los libros de la Biblia, los hallazgos incluyen obras apócrifas, como los fragmentos hebreos y arameos del *Libro de Tobit* descubiertos en la Cueva 5; obras no canónicas, como el *Libro de los Jubileos*, el *Libro de Enoc*, el *Testamento de Leví*, y

---

(posiblemente legendarias) sobre tesoros enterrados.

[13] Cf. su artículo «Les Rouleaux de Cuivre de Qumran» [«Los rollos de cobre de Qumrán»] en *Revue Biblique* 61 (1954), pp. 193 y ss.

otros más; numerosas obras desconocidas hasta ese ser la comunidad a la que habían pertenecido originalmente los libros, y que al menos una parte de los restos de la literatura descubierta podría proporcionar la clave para comprender los intereses especiales de dicha comunidad. La *Regla de la comunidad* encontrada en la Cueva 1, y representada también por fragmentos hallados en la Cueva 4, parece ofrecer una información especialmente completa sobre los ideales y la organización de la comunidad. No se tardó mucho en detectar afinidades entre dicha regla y otra antigua obra judía que se había descubierto unos cincuenta años antes. Esta obra, que se encuentra en dos manuscritos fragmentarios redactados entre los siglos X y XII d.C., fue localizada en la geniza de la sinagoga en el Viejo Cairo, junto con otros muchos documentos de fecha similar. Sin embargo, parece que comprende dos tratados —una *Admonición* y una selección de *Leyes*— creados a principios de la era cristiana en el seno de una comunidad judía que mantenía la tradición sacerdotal de los hijos de Zadok. Por esta razón se la describe con frecuencia como obra zadokita,[14] y la comunidad en la que apareció ha recibido el nombre de comunidad de los zadokitas, o (por otras referencias en los fragmentos) los del Nuevo Pacto. Por eso era especialmente significativo que más fragmentos de la obra zadokita aparecieran en las cuevas de Qumrán. Estudios posteriores han llevado a la conclusión de que la comunidad a la que se referían los fragmentos zadokitas era idéntica a la descrita en la *Regla de la comunidad*.

Todos estos fragmentos de las cuevas debían ser sometidos a un largo y delicado proceso de limpieza, despliegue, alisado y colocación entre láminas de vidrio. La fotografía de infrarrojos saca a luz escritos que el ojo desnudo ya no puede discernir. La tarea de unir los fragmentos que originalmente pertenecían a un mismo libro no es nada fácil. Es menos difícil cuando el libro es bien conocido (un libro de la Biblia, por ejemplo); pero cuando el libro en cuestión es completamente desconocido

---

[14] También recibe con frecuencia el nombre de documento de Damasco, por sus referencias al período de exilio en tierras de Damasco. Véase p. 121.

hasta el momento, la tarea no es nada envidiable. Es peor que intentar reconstruir un puzzle cuando la mayor parte de las piezas han desaparecido y piezas de otros puzzles se han mezclado con las restantes piezas.

Un equipo internacional de ocho especialistas está comprometido con esta tediosa pero fascinante tarea en el Museo Arqueológico Palestino, en una gran sala aislada para este propósito, que se conoce familiarmente como la «Rollería». Un informe completo de todos los fragmentos recuperados en la Cueva 1 (aparte de los siete documentos principales encontrados en 1947) ha sido publicado en el primer volumen de una serie titulada *Discoveries in the Judean Desert* [*Descubrimientos en el desierto de Judea*], editada por los padres D. Berthélemy y J.T. Milik (1955). Otros volúmenes (diez o más) seguirán en cuanto estén dispuestos para su publicación los diferentes grupos de materiales.

Capítulo III

FECHANDO LOS HALLAZGOS

Desde el primer anuncio de los descubrimientos ha existido una gran polémica sobre la datación de los manuscritos. No se puede considerar una situación negativa que se haya producido este debate. Cuando los temas en juego son tan importantes, sería muchísimo más lamentable que las opiniones incluso de los estudiosos más eminentes y competentes fueran aceptadas sin cuestionarlas. Por fortuna, en estos campos de estudio (como en otros), los estudiosos están raramente dispuestos a aceptar el dictamen de otro, en especial cuando dichos dictámenes son tan revolucionarios por su contenido y por sus implicaciones.

Pero en el ardor del debate, en algunos momentos ha aparecido la tendencia de confundir cuestiones que deberían permanecer separadas. Cuando hablamos de la fecha de los rollos nos deberíamos dar cuenta de que al menos están implicadas tres preguntas diferentes:

1. *¿Cuándo fueron escritas originalmente las obras representadas en los diversos manuscritos?*
2. *¿Cuándo fueron copiados los manuscritos mismos?*
3. *¿Cuándo fueron depositados los manuscritos en las cuevas?*

La primera y la segunda pregunta sólo coinciden cuando se trata de un autógrafo, el manuscrito originalmente redactado por el propio autor o por alguna otra persona bajo su dictado. Por ejemplo, si (haciendo un gran esfuerzo de imaginación) algún día saliera a la luz la versión original de los primeros oráculos del profeta Isaías, que él selló y entregó a sus discípulos para que los guardasen en lugar seguro, de acuerdo con Isaías 8:16, la fecha del manuscrito sería idéntica a la de la versión original: 734 a.C. Pero, en realidad, no tenemos ningún manuscrito de ninguna de las profecías de Isaías que se remonte a una fecha tan lejana. El manuscrito más antiguo de sus profecías que ha llegado hasta nosotros es el rollo completo del Libro de Isaías encontrado en la Cueva 1 de Qumrán, y si se le puede datar (como parece probable) en el siglo II a.C., entonces lo separan cerca de seiscientos años de la versión original que Isaías escribió o dictó. En la situación actual, las respuestas a las preguntas 1 y 2 son bastante diferentes.

1. ¿Cuándo fueron escritas originalmente las obras representadas en los diversos manuscritos?

Ésta es una pregunta que se debe contestar, en primer lugar, con un atento estudio de los contenidos de cada obra (es decir, mediante la evidencia interna), y en segundo lugar a través de la consideración de cualquier alusión que se pueda haber realizado sobre la obra en cuestión en otros documentos que sea posible fechar independientemente (es decir, mediante la evidencia externa). Esta es la línea de aproximación que se suele conocer como «alta crítica», una rama de estudio que en ningún caso está confinada a la literatura bíblica.

En lo que respecta a los escritos bíblicos encontrados en Qumrán, ya disponemos de amplias evidencias internas y externas para llegar a conclusiones sobre su fecha y autoría. Los nuevos descubrimientos no añaden prácticamente nada a lo que ya sabemos sobre este tema. Pero nuestras evidencias son mucho más escasas para muchas de las obras no bíblicas que han salido a la luz.

Un buen ejemplo de este planteamiento lo proporciona un manuscrito que combina un texto bíblico con algo más. El comentario al Libro de Habacuc descubierto en la Cueva 1 contiene el texto hebreo de una parte de dicho libro junto con un comentario sobre el texto. Obviamente el texto hebreo de Habacuc debe ser de fecha anterior al comentario que lo acompaña. La evidencia interna y externa para la fecha de uno debe ser bastante diferente a las evidencias sobre la fecha del otro.

El Libro de Habacuc que conocemos en la actualidad está formado por dos composiciones. Una de ellas, contenida en los capítulos 1 y 2, se titula «La profecía de Dios que vio Habacuc»; la otra, contenida en el capítulo 3, se titula «Oración del profeta Habacuc sobre Sigionot», y es en realidad un salmo completo. El manuscrito de Qumrán sólo tiene el texto de los dos primeros capítulos, con un comentario completo, y por el estado del manuscrito queda claro que nunca contuvo el texto del tercer capítulo. Probablemente la *Profecía de Habacuc* y el *Salmo de Habacuc* se consideraban dos obras distintas.

La evidencia interna de los dos primeros capítulos de Habacuc sugiere que fueron redactados en algún lugar de la tierra de Judá alrededor del año 600 a.C. El autor lamenta la opresión que ve a manos de todos, y se pregunta por qué Dios no interviene para defender a los justos contra los gobernantes de su nación que pervierten la justicia. Se le dice que un juicio está a punto de caer sobre estos gobernantes injustos; los caldeos invadirán el país y los barrerán de su nefasta preeminencia. Más tarde, el profeta se queja de que los caldeos son aún más opresivos que los gobernantes judíos que cayeron ante ellos, y recibe la seguridad de que Dios cumplirá Su propósito y vindicará a Sus justos a Su propio tiempo. Como sabemos que los caldeos se convirtieron en un poder reconocido en Judá y en las tierras vecinas en 605 a.C. y que ocuparon Jerusalén en 597 a.C. y la destruyeron en 587 a.C., es fácil llegar a la conclusión que las diversas partes de estos dos primeros capítulos de Habacuc se pueden fechar en el transcurso de esos años. El título de estos dos capítulos —«La profecía de Dios que vio Habacuc»— da el nombre del profeta.

En cuanto a las evidencias externas, la más antigua que tenemos es una afirmación en la Septuaginta, en el prefacio a la leyenda de Bel y el dragón (uno de los añadidos apócrifos a Daniel), que menciona la profecía de Habacuc y lo describe como «Habacuc el hijo de Josué de la tribu de Leví». La tradición de que era un levita puede ser cierta, pero el papel que juega en la historia de Bel y el dragón es tan ahistórica como el resto del relato. En consecuencia, todo lo que indica esta evidencia externa es que alrededor del año 100 a.C. (la fecha aproximada de la versión griega de Bel y el dragón) el profeta Habacuc y su profecía eran bien conocidos y se creía que pertenecían a la época del exilio babilónico.

Por supuesto que la evidencia interna y externa sobre la fecha de la profecía de Habacuc no tiene ninguna relación directa con los rollos del mar Muerto; la hemos planteado aquí simplemente para ilustrar cómo se pueden reconocer y utilizar dichas evidencias. Lo que nos preocupa directamente es la evidencia sobre el comentario que acompaña al texto de la profecía de Habacuc en el manuscrito que estamos considerando.

Este comentario, en sí mismo, es una evidencia «externa» de la existencia de la profecía de Habacuc en el momento en que fue escrito el comentario; también muestra con claridad que en esa época la profecía de Habacuc era venerada como un texto sagrado. ¿Pero cómo vamos a descubrir el momento en que fue escrito el comentario? Si podemos determinar la fecha en que fueron depositados los rollos en la Cueva 1 de Qumrán y si, además, podemos determinar la fecha en que fue copiado este rollo en particular, sabremos que la composición del comentario no pudo ser posterior a esas fechas. Más allá de esto no parece que haya ninguna evidencia externa directa que nos permita datar la composición del comentario. Pero, en cualquier caso, habrá que considerar primero las evidencias internas. ¿Qué nos dicen las evidencias internas del comentario?

Una cosa queda clara: el comentarista cree que la profecía que está intentando interpretar se está cumpliendo en su propia época, y describe personas y acontecimientos de su propia época para demostrar que Habacuc en realidad los está profetizando. Desgraciadamente para nosotros, describe a esas personas y acontecimientos contemporáneos en un estilo tan alusivo que los estudiosos no se consiguen poner de acuerdo sobre sus identidades. ¿Podemos identificarlos con personas y acontecimientos que ya conocemos de la historia?

Habacuc había hablado del surgimiento de los caldeos y de su expansión conquistadora; acontecimientos que tuvieron lugar durante su vida. Pero el comentarista no cree que Habacuc estuviera hablando realmente de los caldeos y de su imperio; en realidad sostiene que Habacuc estaba describiendo por adelantado a los conquistadores imperiales de su propia época. Habacuc *decía* los «caldeos», pero en realidad *se refería* a los «kitti'im», un pueblo que, en el momento en que escribía el comentarista, había llegado desde el otro lado del mar y estaba imponiendo su yugo sobre todas las tierras. Entonces, la cuestión es: ¿quiénes eran esto «kitti'im»? ¿El pueblo de «Kittim»? En su origen, el término Kittim designa a la isla de Chipre (o más concretamente a los asentamientos fenicios alrededor de Kition, la moderna Lárnaca); pero de una forma más general se refiere a las islas y las costas griegas del Mediterráneo oriental. En el Libro de Daniel se utiliza para designar a los romanos (Daniel 11:30), posiblemente porque el incidente en el que se los menciona se consideraba como el cumplimiento de un antiguo oráculo de Balaam en el que se mencionan los barcos de Kittim (Números 24:24).

Si se busca a un conquistador imperial de las tierras del Mediterráneo para satisfacer la descripción de los kitti'im por parte del comentarista, podríamos pensar en Alejandro Magno y sus sucesores o en los romanos. La sugerencia de un estudioso de que se les debería identificar con los cruzados de los siglos XI y XII d.C., está totalmente fuera de lugar por el contenido del comentario, así como por todo lo que podemos descubrir sobre la edad del manuscrito y de la época en la que fue depositado en la cueva junto con todos los demás.

Si consideramos a Alejandro y a sus sucesores como los kitti'im del texto, entonces la referencia probablemente debe señalar en particular a Antioco IV (175-163 a.C.), que intentó suprimir la religión y las costumbres ancestrales de la nación judía, y provocó el levantamiento patriótico de Judas Macabeo y su familia, que podemos encontrar en los Libros de los Macabeos.[15] Pero algunas razones que plantearemos más

---

[15] La formulación y defensa más documentada de esta identificación de los kitti'im la presenta el profesor H.H. Rowley en *The Zadokite Fragments and the Dead Sea Scrolls* [*Los fragmentos zadokitas y los rollos del mar Muerto*]

tarde[16] nos hacen pensar que el comentario refleja las condiciones del siglo siguiente, y que los kitti'im son los romanos; en ese caso, el comentario fue redactado poco antes de la ocupación de Judea y Jerusalén tiende a variar en nuestros propios países de generación en generación. Nuestros abuelos utilizaban un estilo de escritura diferente al nuestro, y, todo hay que decirlo, un estilo que era mucho más legible y agradable a la vista que el nuestro. De la misma forma, en las épocas más remotas los estilos de escritura también variaban de una generación a la siguiente y de un país al otro. Esto significa que la fecha de un manuscrito se puede determinar, dentro de unos límites razonables, por las características de la escritura que muestra. La paleografía griega y latina se ha estado estudiando durante tanto tiempo y tiene tal abundancia de materiales con los que trabajar, que se ha convertido casi en una ciencia exacta. Los paleógrafos clásicos están habitualmente de acuerdo con la datación de los manuscritos griegos y por el general romano Pompeyo en 63 a.C.[17]

2. ¿Cuándo fueron copiados los manuscritos mismos?

Existe un campo de estudio que es de gran ayuda para determinar cuándo fue escrito un manuscrito en particular. Se trata de la ciencia conocida como paleografía: el estudio de la antigua escritura a mano. Sabemos cómo en épocas más recientes el estilo de la escritura a mano latinos desde los últimos siglos antes de Cristo hasta la invención de la imprenta en el siglo XV d.C. y en épocas posteriores.

La paleografía hebrea y aramea se encuentra en desventaja en comparación con la paleografía griega y latina porque no

---

(1952).

[16] Véase pp. 78 y ss.

[17] En el comentario de Nahum, mencionado en la página 108, se menciona un intervalo de tiempo «de Antioco hasta la aparición de los soberanos de los kitti'im»; esto apoya la identificación de los kitti'im con los romanos más que con los seguidores de Antioco.

tiene tantos materiales con los que trabajar en lo que se refiere a la era pre-cristiana y a los primeros siglos después de Cristo. A pesar de eso, en principio, es una ciencia tan exacta como las otras ramas de la paleografía. Y vale la pena señalar que los estudiosos que han examinado los manuscritos del mar Muerto sobre la base de la paleografía están de acuerdo en otorgarles una datación temprana, es decir, una fecha en los últimos siglos antes de Cristo y los primeros años después de Cristo. Los académicos que han defendido una fecha considerablemente más tardía no son paleógrafos; algunos de ellos incluso han llegado al extremo de rechazar las pruebas paleográficas como si no tuvieran ningún valor; un extraño ejemplo de oscurantismo procedente de un flanco inesperado.

Fueron las pruebas paleográficas las que convencieron desde el principio a Sukenik y a Albright de la antigüedad de los rollos, y las evidencias paleográficas siguen suministrando la prueba principal de su antigüedad, aunque, como veremos más adelante, existen pruebas de otro tipo que las corroboran.

De hecho, las evidencias paleográficas sólo se pueden rechazar si se demuestra que los rollos fueron fabricados en una época posterior, y se escribió deliberadamente en un estilo arcaico para engañar a los lectores y se hubieran colocado para ser «descubiertos» como el cráneo de Piltdown,* en el momento oportuno. En el pasado se habían producido falsificaciones de este tipo. Pero habían sido detectadas y denunciadas con bastante rapidez, en cuanto eran sometidas a un experto en el tema, como Clermont-Ganneau, que descubrió el fraude de Shapira, o Tischendorf, que destapó las falsificaciones de Simonides.[18] Pero nunca antes unos manuscritos antiguos

---

* Uno de los fraudes más famosos de la paleoantropología, porque se creyó durante cuarenta y cinco años que los restos fósiles encontrados en 1912 en la localidad inglesa de Piltdown correspondían al «eslabón perdido» de la evolución humana. En 1953 se destapó el fraude al descubrir que los restos pertenecían a un homo sapiens, un orangután y un mono, convenientemente tratados para parecer más antiguos. *(N. del T.)*

[18] Hace unos cien años, Constantine Simonides produjo una serie de falsificaciones, entre ellas numerosos fragmentos del Nuevo Testamento,

habían sido analizados con tanto escepticismo, o sometidos a un examen más riguroso, que estos documentos de Qumrán. Todas las circunstancias de su hallazgo descartaban la posibilidad de un fraude deliberado; el beduino que había estado pidiendo un precio tan inflado por sus descubrimientos no era el tipo de persona que pudiese fabricar los fragmentos que le estaban proporcionando tantos ingresos; y las bibliotecas universitarias y otras instituciones académicas no son muy dadas a pagar grandes cantidades de dinero por sus adquisiciones si no están completamente convencidas de su valor. El Dr. H.J. Plenderleith, conservador del laboratorio de investigación en el Museo Británico, hablando de algunos de los fragmentos de la Cueva 1 que le habían enviado para un tratamiento especial, decía que «veinticinco años de experiencia en el tratamiento de antigüedades lo habían convencido desde el principio que los materiales eran genuinos, una convicción que, con posterioridad, se vio totalmente justificada cuando los fragmentos fueron sometidos a un examen científico.»[19]

Entre los paleógrafos semíticos en Gran Bretaña, el Dr. S.A. Birnbaum, de la London School of Oriental and African Studies, ocupa el puesto más destacado. Ha publicado los materiales en los que se basa la ciencia de la paleografía hebrea en una gran obra titulada *The Hebrew Scripts* [*Las escrituras hebreas*]. Su veredicto sobre la fecha de los primeros rollos publicados apareció en un valioso estudio en *The Qumrân (Dead Sea) Scrolls and Paleography* [*Los rollos de Qumrán (del mar Muerto) y la paleografía*] (1952); en él sostiene que el rollo de Habacuc fue copiado entre el 100 y el 50 a.C.; la *Regla de la comunidad* entre el 125 y el 100 a.C., y el rollo completo de Isaías (Isaías A) entre 175 y 150 a.C. La mayor antigüedad del rollo de Isaías frente a sus compañeros también queda demostrada por señales de desgaste; se ve con claridad que fue utilizado durante bastante tiempo antes de ser depositado con los otros en la cueva. El Dr. J.C. Trever, que acepta la datación relativa de los rollos por parte del Dr. Birnbaum, fecha cada uno de

---

supuestamente del siglo I d.C.

[19] *Journal of Transactions of the Victoria Institute*, 82 (1950), p. 146.

ellos algunas décadas más recientes: Isaías A entre 125 y 100 a.C., el rollo de la *Regla* alrededor de 75 a.C., el rollo de Habacuc (y el cuarto rollo adquirido por el monasterio sirio) entre 25 a.C. y 25 d.C.

La tendencia más reciente parece favorecer estas fechas más cercanas frente a las más antiguas sugeridas por el Dr. Birnbaum. Pero la abundancia de material manuscrito que han proporcionado las cuevas exploradas a partir de 1952 han permitido que el estudio de la paleografía hebrea avanzase más allá de cualquier expectativa. Ahora se puede realizar una distinción clara entre el desarrollo de una escritura formal para libros y una escritura cursiva más informal para el uso cotidiano. La escritura formal se utilizaba preferentemente para los manuscritos bíblicos; la cursiva se utilizaba de forma habitual para los documentos comunitarios y las obras en arameo. Todas las fases de la evolución de estas dos escrituras están presentes en las cuevas de Qumrán desde el siglo III a.C. hasta el siglo I d.C. La más antigua escritura fenicia (paleo-hebrea) también parece que sobrevivió en uso para ciertos propósitos durante más tiempo del que se había creído con anterioridad, y se debió utilizar en paralelo a las variantes formal y cursiva de la escritura cuadrada.

Otras evidencias de otra larga etapa en la evolución de la escritura cuadrada han surgido de otro manuscrito importante encontrado en Wadi Murabba'at, a unos veinte kilómetros al sur de Wadi Qumran, del que hablaremos mucho más en un capítulo posterior; algunas de estos últimos documentos, a diferencia de los de Qumrán, llevan fechas explícitas (del siglo II d.C.) y con ello proporcionan un criterio fiable para fijar una cronología de su fase evolutiva.

Se han planteado cuestiones sobre la composición de la tinta y el marcaje de los rollos con líneas de guía (horizontalmente para mantener las líneas de escritura rectas, y en vertical para mantener los bordes de las columnas rectos). ¿El estudio de estos aspectos arroja alguna luz sobre la fecha de los manuscritos?

En una carta a *The Times* del 22 de septiembre de 1949, el profesor G.R. Driver, sugería que un análisis de la tinta podría proporcionar información sobre su fecha. ¿Se trata de una tinta metálica o no? «Si es metálica, lo más probable es que sea posterior a la Misná (*ca.* 200 d.C.);[20] pero si no es metálica, podría ser anterior, aún en el caso de que la prueba no sea concluyente, puesto que la tinta no metálica pudo seguir en uso junto a la tinta metálica durante bastantes siglos.» El análisis, cuando se llevó a cabo, fue bastante concluyente desde el punto de vista químico. En la tinta no estaba presente ningún metal; sólo se utilizó carbón. Pero esto sólo significa, como señaló el Dr. Plenderleith, «que la naturaleza de la tinta no se puede considerar una evidencia vital para la tarea de datación.»[21] De manera que no excluye las fechas asignados a las rollos por los paleógrafos.

Tampoco el marcaje del material escrito nos proporciona más indicaciones positivas. El uso de líneas de guía para mantener recta la escritura es de gran antigüedad. Se han encontrado papiros marcados del siglo I d.C. e incluso anteriores. Y si resultaba necesario marcar los papiros, cuyas fibras son habitualmente lo suficientemente rectas y paralelas para servir como líneas de guía naturales, cuanto más no sería necesario marcar la tersa superficie de una piel que había sido preparado para recibir la escritura.

La composición de la tinta y la naturaleza del marcaje, parecer ser que ni confirman ni contradicen las conclusiones paleográficas. Dichas conclusiones apuntan de forma clara y definitiva hacia los dos o tres últimos siglos del Segundo Templo (un período que finaliza en 70 d.C.) como la época en que fueron copiados los manuscritos.

---

[20] Pero el Dr. Birnbaum dice que había rastros de hierro en la tinta utilizada para las Cartas de Laquis en 588 a.C.

[21] *Journal of Transactions of the Victoria Institute*, 82 (1950), p. 146.

3. ¿Cuándo fueron depositados los manuscritos en las cuevas?

Parece que los manuscritos encontrados en las cuevas de Qumrán son representantes de una gran biblioteca que fue trasladad desde su ubicación habitual a causa de la aproximación de algún peligro. Pero esta suposición no nos ayuda mucho en nuestro propósito de descubrir *cuándo* fue trasladada la biblioteca, porque la historia recoge muchísimas situaciones de peligro en esa parte del mundo. «Palestina ha tenido una historia larga y convulsa» dice el profesor Driver, «y los fugitivos que escondieron estos rollos en las cuevas cerca de Jericó podrían estar huyendo no de la persecución que puso en marcha Antioco Epífanes (165 a.C.) ni de las invasiones de los romanos (63 a.C., 70 d.C. y 135 d.C.) ni siquiera de las de los persas (614 d.C.) o de los árabes (637 d.C.) sino quizá de algún tumulto local provocado por odios raciales o religiosos del que no ha quedado ningún registro en la historia.»[22]

Pero existen algunas series de pruebas que nos permiten elegir hasta cierto entre todas estas posibilidades. Cuando los rollos fueron depositados estaban envueltos en lino e introducidos en tinajas de barro. ¿Se puede llegar a alguna conclusión a partir del examen del lino y de la cerámica?

En primer lugar, el lino. Desde hace muy poco se ha descubierto un nuevo método para fechar materiales orgánicos a partir de su contenido en radiocarbono: el procedimiento se conoce como el método del «carbono 14». Este método, que aún se encuentra en su fase experimental, se utiliza para determinar hace cuánto tiempo cesó de «vivir» la sustancia orgánica. Un resumen sencillo del principio implicado lo ofrece Sir Mortimer Wheeler en su libro *Archaeology from the Earth* [*Arqueología desde la tierra*] (1956), pp. 50 y ss. El lino es, por supuesto, un material orgánico, y la aplicación del método del

---

[22] *The Hebrew Scrolls* [*Los rollos hebreos*], p. 50. La cueva mencionada es la Cueva 1.

carbono 14 a un trozo de lino mostrará la fecha aproximada en que fue cortada la planta. En 1950 unos cien gramos del lino en el que estaban envueltos los rollos fue sometido a esta nueva técnica en el Instituto de Estudios Nucleares de la universidad de Chicago. El 9 de enero de 1951, el profesor W.F. Lobby, que había dirigido la prueba, informó que la fecha en que murió el organismo, es decir, el momento en que dejó de crecer el tallo del que estaba compuesto el lino, se remontaba a 33 d.C., con un margen de 200 años antes o después. Naturalmente, el lino fue tejido poco después de cortar la planta. No era necesario que el lino fuera demasiado nuevo cuando los rollos fueron envueltos en él, pero tampoco sería extremadamente viejo. Además, es posible que los rollos se conservasen en estos envoltorios de lino antes de que fueran depositados en las cuevas. Pero los resultados de la prueba del carbono 14, para lo que nos interesa, encajan bastante bien en la imagen general que se está construyendo poco a poco a partir de otros tipos de pruebas.

¿Qué ocurre con las tinajas encontradas en las cuevas? Los artículos de cerámica que tenían un uso cotidiano y no ornamental no disfrutaban en la antigüedad de una vida mucho más larga que en nuestros días. Por eso, si los rollos fueron depositados en los recipientes en el momento de ser introducidos en las cuevas, no debemos esperar que la edad de los mismos sea muy anterior al momento del depósito. El valor de la cerámica para establecer una cronología ha obtenido cada vez más reconocimiento a lo largo de los últimos setenta años, siendo Sir Flinders Petrie el primer arqueólogo que supo captar todo su significado. Los estilos de la cerámica cambian con sorprendente rapidez a intervalos irregulares, pero dentro de estos intervalos tienen la tendencia a persistir con pequeñas variaciones en áreas geográficas muy amplias. Y como los recipientes de arcilla son por lo general los artículos más comunes fabricados por manos humanas, las capas de asentamiento humano en yacimientos antiguos se pueden datar con una precisión aceptable a través del estudio de las inmensas cantidades de fragmentos encontrados en las capas sucesivas. A falta de inscripciones que expresen una fecha, existen pocos criterios que se puedan utilizar con tanta fiabilidad para la datación arqueológica como el análisis de la cerámica. Las tinajas encontradas con los manuscritos de Qumrán son de un tipo poco habitual; no resulta sorprendente, porque por su forma parece que fueron manufacturados especialmente para contener los rollos. Son de forma cilíndrica, de unos sesenta centímetros de alto y un diámetro de unos veinticinco centímetros, y disponen de un cuenco invertido que sirve de tapa. En algunos casos la descomposición de los bordes del rollo más cercano a la apertura de su tinaja formó una sustancia parecida a la brea que acabó sellando el recipiente; esto explica porque los rollos de las pocas tinajas intactas estaban preservados en tan buenas condiciones, mientras que la mayoría se desintegraron lentamente a lo largo de los siglos a causa de la exposición al aire, la humedad y la intervención de diversos animales pequeños.

Pero si el tipo de recipientes en las cuevas no tienen un paralelo en el menaje doméstico ordinario, la textura de la cerámica resulta característica del período romano inicial.

Los restos de lámparas de arcilla encontrados en la Cueva 1 representan tipos que se consideran característicos, en parte, de la última etapa del período helenístico y, en parte, de la primera etapa romana.

Sin embargo, un resultado más definitivo lo proporciona una tinaja que es exactamente del mismo tipo que las utilizadas para conservar los rollos, que fue descubierta en una yacimiento cercano a las cuevas y asociada con otros objetos que se pudieron fechar con total precisión. Este yacimiento era el cuartel general de la comunidad a la que pertenecían los manuscritos, y ahora tenemos que volver nuestra atención hacia allí.

Capítulo IV

KHIRBET QUMRAN

En un saliente rocoso en el lado septentrional del Wadi Qumran, a poco más de un kilómetro al oeste del mar Muerto, se encuentran las ruinas que desde hace mucho tiempo se conocen por el nombre de Khirbet Qumran.[23] En 1873 el arqueólogo francés Clermont-Ganneau, cuyo nombre ya hemos mencionado en relación con la denuncia de la falsificación de Shapira, prestó un poco de atención a estas ruinas, aunque estaba más interesado en el antiguo cementerio que se encuentra entre ellas y el mar Muerto. Pero como resultado de sus investigaciones no llegó a ninguna conclusión definitiva.

Cuando la primera expedición arqueológica oficial visitó la Cueva 1 en 1949, se plantearon si podía existir alguna conexión entre los hallazgos de la cueva y el yacimiento de ruinas en Khirbet Qumran. En el lugar se realizó una excavación provisional, pero no se encontró nada que pudiera confirmar dicha conexión. Sin embargo, en noviembre y diciembre de 1951 se excavaron tres habitaciones del edificio en ruinas. En el suelo de una de esas habitaciones se encontró una tinaja exactamente del mismo tipo que las encontradas en la Cueva 1, y junto a ella había un moneda fechada en el año 10 d.C. Resultaba obvio que había más conexiones de las que habían imaginado entre Khirbet Qumran y el depósito de manuscritos; se debía emprender una exploración más a fondo del yacimiento. En consecuencia, en la primavera de 1953, 1954 y 1955 se desarrollaron campañas sistemáticas de excavación. El departamento de Antigüedades jordano, la dominica *École Biblique* y el Museo Arqueológico Palestino han colaborado en esta empresa.

Si algo ha resultado evidente es que el edificio constituía el

---

[23] Provisionalmente identificadas con «la Ciudad de la Sal» mencionada en Josué 15:62.

cuartel general de una comunidad grande y bien organizada. Poco después del inicio de las excavaciones sistemáticas, el padre de Vaux expresó su creencia de que habían localizado el cuartel general de la secta judía de los esenios, a la que se refiere el escritor romano del siglo I d.C., Plinio el Viejo. Plinio dice que dicha gente vivía en la orilla occidental del mar Muerto, por encima de En-gedi (que en la actualidad se encuentra a unos treinta kilómetros al sur de Khirbet Qumran).

Lo más probable es que la comunidad que ocupó el edificio estuviera relacionada con el cementerio que se encuentra al este. No conocemos ningún otro asentamiento que hubiera podido dar origen a tantas tumbas con unas características tan uniformes. Allí se encuentran más de mil tumbas, alineadas en filas paralelas en dirección norte-sur, con la cabeza orientada hacia el sur[24] (sólo se ha encontrado una excepción a esta regla).[25] Las tumbas son de lo más sencillas; los cuerpos no eran acompañados de ofrendas funerarias y ni siquiera se colocaban en ataúdes. Cada cuerpo yacía con la cara hacia arriba en una pequeña cámara mortuoria al fondo de una zanja. La entrada a la cámara mortuoria quedaba cerrada por una capa de ladrillos de adobe o por una losa de piedra; se rellenaba la zanja y la tumba quedaba marcada en la superficie por dos piedras erectas con una fila de guijarros entre ellas. Algunos restos de cerámicas encontradas en la tierra que llenaba las tumbas indica hacia la época en que las cercanas ruinas estuvieron ocupadas por la comunidad. En el cementerio se han encontrado esqueletos de hombres y de mujeres. Este hecho, junto con otros de naturaleza diferente que se mencionarán a su debido momento, sugieren que, si realmente se trata de los restos de una comunidad esenia, debían pertenecer a ese grupo excepcional de esenios, mencionados por Josefo, que practicaban el matrimonio, lo que los distingue de todos los demás esenios, que eran devotos del celibato.

Las excavaciones en el yacimiento de Khirbet Qumran demuestran que fue ocupado en diversos momentos durante la

---

[24] Así entierran a sus muertos los mandeanos de Irak (cf. p. 140).

[25] Las tumbas musulmanas están orientadas de este a oeste.

Antigüedad. En el nivel más bajo se han encontrado restos de murallas y cerámica que pertenecen al período que los arqueólogos conocen como Edad del Hierro II (los siglos VIII y VII a.C.). Uno de los fragmentos de cerámica encontrados en este nivel llevaba inscritos caracteres fenicios del tipo utilizados para escribir el hebreo en esa época. Un hipótesis es que ese edificio, del período de la monarquía hebrea, ilustra la afirmación sobre el rey Uzías de Judá (ca. 780-740 a.C.) en 2 Crónicas 26:10 que «edificó torres en el desierto».

En el otro extremo del registro, existen evidencias de una ocupación breve y esporádica del lugar en la época árabe.

Pero el interés principal se centra en las abundantes pruebas de la ocupación del lugar en el período greco-romano. Se pueden distinguir tres etapas de ocupación claramente diferenciadas durante esta época:

1. Ocupación por parte de una comunidad religiosa desde finales del siglo II a.C. hasta 68 d.C.
2. Ocupación por una guarnición romana entre 68 d.C. y 86 d.C.
3. Ocupación por insurrectos judíos durante la segunda guerra contra Roma, 132-135 d.C.

La primera de estas etapas se divide en dos partes. La comunidad parece que abandonó el edificio durante treinta o cuarenta años a finales del siglo I a.C.; y poco después de abandonarlo sufrió daños importantes a causa de un terremoto, de manera que fue necesaria una amplia reconstrucción cuando lo volvieron a ocupar.

El edificio principal ocupado por la comunidad como su cuartel general era un cuadrado de unos 36 metros de lado, construido con grandes piedras sin labrar, con una torre fortificada en la esquina noroccidental. Existían numerosas salas grandes, adecuadas para reuniones o refectorios. La sala más grande excavada hasta el momento, al sur del edificio principal, parece que sirvió como refectorio principal; a su lado se encuentra una habitación más pequeña que contiene alrededor de 1.700 recipientes de cerámica: todas las variedades necesarias para su uso en la cocina y en la mesa. Estos recipientes se fabricaban con toda probabilidad en las mismas instalaciones, pues la excavación ha revelado la fábrica de cerámica mejor conservada de la antigua Palestina que ha aparecido hasta la actualidad. Resulta de lo más probable que los recipientes que contenían los rollos también fueran manufacturados aquí.

No sólo las tinajas, sino que algunos de los rollos que contenían también se pudieron producir en este edificio, puesto que una habitación en la primera parte de la zona sudoccidental del edificio estaba evidentemente amueblada como sala de escritura o *scriptorium*. Tenía una larga mesa de yeso, colocada sobre un marco de ladrillo, adecuada para su uso como escritorio. Que realmente le dieran ese uso parece confirmado por el descubrimiento en el mismo lugar de dos tinteros, uno de arcilla y el otro de bronce. Uno de ellos tenía restos de tinta de carbón aún adheridos a su interior. Dos lavamanos de yeso que también se han encontrado en la sala se han explicado como las piletas en la que los escribas realizaban el ritual de lavarse las manos cada vez que tenían que escribir el nombre de Dios.

Cuando la explicación de esta sala como *scriptorium* fue difundida en una charla radiofónica por el profesor H.H. Rowley hacia finales de 1954, un estudioso escribió a *The Listener*** protestando de que era físicamente imposible escribir en la mesa en cuestión que (según él) era utilizada para las comidas fraternales de los cristianos. Otro estudioso escribió para señalar que este autor no había tenido en cuenta los dos tinteros encontrados en el *scriptorium*. «Pero quizás», añadía, «los considera cálices». La respuesta que provocó este comentario pertenece al reino de la tradición oral y allí debe permanecer.

Hasta el momento no se ha descubierto ningún manuscrito en el edificio, excepto una copia para practicar del alfabeto hebreo, que pertenece a la primera fase de ocupación por parte

---

* Revista publicada durante muchos años por la BBC con los comentarios de los oyentes de sus programas radiofónicos. *(N. del T.)*

de la comunidad.

Molinos de harina, cubos de almacenamiento, hornos para cocinar, hornos para fundir y talleres con instrumentos de metal se encuentran entre las demás instalaciones que han salido a la luz en el yacimiento. Resulta evidente que la comunidad que tenía su centro en este lugar pretendía ser lo más autosuficiente posible. Una de las características más sorprendentes de toda la zona era la sofisticada organización del suministro de agua. El agua era traída desde las montañas al noroeste por un canal construido con gran destreza y que corría al oeste y al sur del edificio, y desaguaba en una serie de cisternas. Hay que decir que el agua no se necesitaba sólo para los usos ordinarios de lavar y beber; la presencia de numerosas piscinas o baptisterios sugiere que también era necesario para la purificación ritual e indica que la comunidad era una de las numerosas sectas bautistas que sabemos que florecieron en el valle del Jordán y en las zonas vecinas en los años anteriores y posteriores al inicio de la era cristiana. El más elaborado de estos baptisterios tiene catorce escalones de piedra que conducen a su interior. Estos escalones presentan una rotura central que recorre de arriba abajo toda la escalera, de manera que el lado oriental se ha hundido unos cuarenta y cinco centímetros por debajo del nivel de la mitad occidental. Esta rotura fue resultado del terremoto que dañó el resto del edificio. Cuando la comunidad, que no residía allí en el momento en que tuvo lugar el terremoto, volvió a ocupar el lugar muchos años después, no se pudo seguir utilizando este baptisterio (ahora no podía retener el agua y el daño era demasiado extenso como para arreglarlo con facilidad); de manera que se construyó un nuevo baptisterio al sur del edificio. Al mismo tiempo se tuvieron que emprender otras reparaciones mayores; se reforzó la torre noroccidental y se fortalecieron las murallas. Pero se preservó la distribución general y el edificio sirvió obviamente a los mismos fines que con anterioridad.

El terremoto que causó estos daños ha sido identificado, de forma bastante convincente, con el que Josefo afirma que devastó Judea en 31 a.C., el séptimo año del reinado de Herodes el Grande, que en aquel momento se encontraba en guerra con sus vecinos árabes del otro lado del Jordán.

Hemos dicho que cuando se inició la excavación del yacimiento en 1951, se encontró una moneda del año 10 d.C. junto con una tinaja idéntica a las que se habían encontrado en las cuevas. Excavaciones posteriores han sacado a la luz varios cientos de monedas del período greco-romano, con las que se pueden fechar con bastante fiabilidad las sucesivas etapas de ocupación. El registro de monedas se inicia en el reinado de Juan Hircano (135-104 a.C.) y prosigue sin interrupción hasta el reinado del último de los reyes asmodeos, Antígono (40-37 a.C.). Pero del largo reinado del sucesor de Antígono, Herodes el Grande, sólo ha aparecido hasta la fecha una moneda. El registro se reinicia en el reinado del hijo de Herodes, Arquelao (4 a.C.-6 d.C.) y a partir de ese momento tenemos una serie continua de monedas que nos lleva hasta el año 68 d.C.: seis del reinado de Arquelao, tres de los procuradores romanos de Judea bajo el emperador Augusto (6 d.C.-14 d.C.), siete de los procuradores bajo Tiberio (14-37 d.C.), una moneda de plata de Tiro fechada en el año 29 d.C., veintitrés monedas de Herodes Agripa I (34-44 d.C.), cinco de los procuradores de Judea bajo Claudio (44-54 d.C.), quince de los procuradores bajo Nerón (54-66 d.C.) y once acuñadas por las autoridades rebeldes judías durante los dos primeros años de la primera guerra contra Roma (66-70 d.C.). Este registro finaliza en el año 68 d.C.

Cuando valoramos la evidencia cronológica de las monedas, vale la pena recordar que mientras las monedas no se pueden utilizar antes de su acuñación, siguen en uso durante muchos años después de ser acuñadas.[26]

El segundo período de ocupación de Khirbet Qumran por la

---

[26] Un tesoro de quinientas sesenta y tres monedas fue descubierto en 1955, escondido en tres vasijas bajo el suelo de una habitación en el ala occidental del edificio. Eran de dos tipos: monedas del rey seleúcida Antioco VII (139-129 a.C.) y monedas de Tiro (la más reciente de las cuales llevaba fecha del año 9 a.C.). Pero probablemente estas monedas fueron escondidas en las ruinas entre 9 y 4 a.C., durante la ausencia de la comunidad, y no tienen nada que ver con ella.

comunidad no llegó a su fin por un traslado voluntario ni por un terremoto, sino por la violencia del fuego y la espada. La destrucción fue mucho más sistemática que la causada por el terremoto casi cien años antes. Las murallas fueron demolidas, una capa de ceniza negra cubrió el lugar y una cierta cantidad de puntas de flecha añaden su testimonio silencioso al panorama general.

Si el relato de Josefo sobre el terremoto de 31 a.C. arroja luz sobre los daños producidos al final del primer período de la ocupación del edificio por la comunidad, otra parte de su narración ayuda a explicar la destrucción que marca el final del segundo período. Cuenta que en mayo del año 68 d.C. Vespasiano, comandante en jefe del ejército romano en Palestina, recorrió el valle del Jordán hacia Jericó y desde allí la Décima Legión avanzó contra Jerusalén al año siguiente, dejando una guarnición en Jericó. No sabemos qué contactos podía tener la comunidad en Qumrán con los insurgentes, pero una fortaleza como la suya tenía que recibir una atención hostil por parte de las fuerzas romanas en el distrito. En consecuencia, casi no existe ninguna duda de que fue destruida por los romanos durante esa época; y no existe ningún rastro más de cualquier conexión entre la comunidad y su antiguo cuartel general. Una deducción que podemos plantear con casi total seguridad a partir de las pruebas es que, al aproximarse los romanos por el valle del Jordán, los miembros de la comunidad ocultaron sus tesoros literarios en las cuevas que abundaban en su vecindad, con la esperanza de recuperarlos cuando la marea de la guerra se hubiera retirado. Pero nunca tuvieron la oportunidad de recuperar sus libros.

Incluso después del asalto a Jerusalén por parte de los romanos en agosto del año 70 d.C., subsistieron unas pocas bolsas de resistencia judía que era necesario eliminar. De todas ellas, la que resistió durante más tiempo fue la de Masada, en la orilla occidental del mar Muerto, a unos diecinueve kilómetros al sur de En-gedi. Masada ha sido excavada recientemente por arqueólogos judíos. Un joven inglés que visitó la zona como turista en autobús en marzo de 1956, ofrece la siguiente descripción:

Aparcamos en un campamento militar al pie de Masada, y empezamos a subir hacia el cielo. La fila india era la única posibilidad, y en algunos puntos era bastante difícil pasar. Estaba sorprendido de que algunas personas bastante mayores subieran con nosotros. Cuando llegamos a la cima, el guía principal dijo unas pocas palabras, miramos a nuestro alrededor y descansamos. Ahora están muy ocupados excavando el palacio de Herodes. También eran muy interesantes las ruinas de una iglesia bizantina; pero tuvimos muy poco tiempo para investigar. Descendimos por la ruta noroccidental, la que utilizaron las romanos para entrar; y de paso tengo que quitarme el sombrero ante los romanos por tener simplemente la idea de capturar la fortaleza. La primera parte de esta ruta fue la peor, y a los ciento ochenta que componíamos el grupo nos llevó dos horas y media; de manera que el resto del descenso se tuvo que hacer a la luz de una linterna y de la media luna. En los peores sitios los soldados echaban una mano, pero me pidieron que ayudara en una curva al borde de un feo precipicio, contemplando como brincaba de un lado a otro de un saliente estrecho bajo la luz de la luna, asegurando a los demás que no había nada que temer. Finalmente llegamos al pie a las 9:30 p.m., después de lo cual nos envolvimos en sábanos o en sacos de dormir, e intentamos encontrar las piedras más blandas que pudimos.

En consecuencia, persistió la actividad militar al oeste del mar Muerto durante algunos años después de la destrucción del cuartel general de la comunidad, y el lugar en ruinas pareció a los propios romanos un lugar conveniente para alojar a una guarnición. Para ello se construyeron unas pocas habitaciones encima de las ruinas, que fueron ocupadas por una guarnición romana que vigilaba parte de la costa del mar Muerto y ayudaba a proteger las líneas de comunicaciones de sus compañeros que estaban implicados en el arduo sitio de Masada. No abandonaron el lugar cuando Masada fue capturada, sino que siguieron su ocupación durante diez o veinte años. Esta ocupación militar de Khirbet Qumran está representada por unas pocas monedas cuyas fechas van desde los dos últimos años del reinado de Nerón al reinado de Tito (79-81 d.C.). Una moneda de Herodes Agripa II, fechada en 86 d.C., fue encontrada fuera del edificio; no resulta claro si está relacionada o no con la ocupación militar romana.

En 132 d.C. estalló en Judea una segunda revuelta judía contra Roma, que no fue aplastada hasta tres años después tras una amarga y muy costosa guerra de guerrillas. Diremos algo más de esta segunda revuelta en el capítulo siguiente, pero aquí resulta relevante porque durante un corto espacio de tiempo en el transcurso de este período Khirbet Qumran fue ocupado por miembros de las fuerzas insurgentes. Quince monedas son testimonio de esta breve ocupación; entre ellas se incluye una moneda de Vespasiano (69-79 d.C.), tres de Trajano (98-117 d.C.) y una moneda judía del tipo que acuñaron los líderes insurgentes durante la revuelta. Esta breve ocupación fue seguida de una demolición completa de las fortificaciones de Khirbet Qumran por parte de los romanos.

Capítulo V

WADI MURABBA'AT Y KHIRBET MIRD

Wadi Murabba'at

Por la misma época en la que se conoció el hallazgo de manuscritos en otras cuevas de Qumrán, alrededor y por encima de la Cueva 1, empezaron a circular noticias sobre otros descubrimientos de manuscritos en el Wadi Murabba'at, que discurre hacia el mar Muerta al oeste, a unos diecisiete kilómetros al sur de Wadi Qumrán y a unos veinticuatro kilómetros al sudeste de Jerusalén. A principios de 1952, beduinos de la misma tribu del que había descubierto los primeros manuscritos en Qumrán, estaban ofreciendo para su venta trozos de cuero con escritura hebrea y griega. Las autoridades arqueológicas de Jordania averiguaron que estos fragmentos procedían de Wadi Murabba'at y cuando llegaron al lugar con ocho beduinos a los que habían contratado para realizar los trabajos necesarios, se encontraron con otros treinta y cuatro beduinos trabajando con dureza en sus excavaciones de aficionados. Un grupo de ellos fue contratado inmediatamente para que llevasen a cabo la tarea bajo una supervisión legal y experta. Cuatro cuevas de la zona presentaban rastros de ocupación humana en cinco períodos distintos de la Antigüedad: en el calcolítico (cuarto milenio a.C.), la Edad de Bronce Media (*ca.* 2000-1550 a.C.), la Edad de Hierro (más concretamente los siglos VIII y VII a.C.), la época romana y el período árabe.

Se descubrieron documentos escritos de la tercera, la cuarta y la quinta de estas etapas. De la tercera etapa, la era de los últimos reyes de Judá, procedían dos papiros palimpsestos inscritos en caracteres fenicios (paleo-hebreo); el texto de ambos, por desgracia, era en esencia totalmente secular. De la quinta etapa procedían algunos documentos de papel en árabe. Pero era de la cuarta etapa, la época romana, de la que procedía el material más interesante.

En 132 d.C., cuando Adriano era emperador de Roma, estalló en Judea una revuelta contra los romanos. El jefe de esta revuelta era un hombre llamado Simeón, que acuñó monedas designándose a sí mismo como «Simeón, Príncipe de Israel» y utilizando fechas tan significativas como «Año I de la Redención de Israel»; «Año II de la Liberación de Israel». Pero su liderazgo no tenía un carácter exclusivamente secular; algunas personas creían que era el largamente esperado Mesías que conduciría a Israel a la victoria contra los opresores paganos. Entre los que reconocieron a Simeón como Mesías se encontraba el maestro religioso más grande de la época, el Rabí Aqiba. Aqiba jaleó a Simeón como el héroe conquistador profetizado hacía mucho tiempo por el profeta de Mesopotamia Balaam. «Saldrá estrella de Jacob», dice Balaam y sigue describiendo como esta «estrella» aplastará a los enemigos de Israel, mientras Israel bajo su liderazgo realizará gestas valientes y ejercerá un gran dominio (Números 24:17-19). Como Aqiba identificó a Simeón con esta «estrella» profetizada, Simeón fue conocido como Simeón Bar Kojba, que en arameo significa «Simeón hijo de la Estrella». Pero hubo otros que no estaban de acuerdo con las pretensiones de Simeón (entre ellos los judeocristianos, que naturalmente no podían reconocer a nadie más que a Jesús como el verdadero Mesías); estos preferían llamarlo Simeón Bar-Koziba, que significa «Simeón hijo de la falsedad». Simeón sostuvo una feroz resistencia guerrillera contra las fuerzas romanas durante más de tres años y les hizo pagar un alto precio antes de que la revuelta fuera aplastada en el año 135 d.C.

Algunos de los documentos de la época de ocupación romana en el Wadi Murabba'at dejan bastante claro que los seguidores de Simeón mantuvieron allí una guarnición, bajo el mando de cierto Yeshua Ben-Galgolah. Se encontraron dos cartas de Simeón dirigidas a Yeshua, que además demostraron que Bar-Kojba y Bar-Koziba eran dos juegos de letras en el deletreo del patronímico real de Simeón, que era Ben-Kosebah.[27] Así es como se llama a sí mismo en estas cartas. Aquí reproducimos el texto de una de ellas:

> De Simeón Ben-Kosebah a Yeshua Ben-Galgolah y a los hombres de tu compañía. ¡Paz! Que el cielo sea testigo en mi contra que si uno de los galileos a los que has protegido nos causa problemas, pondré grilletes en tus pies como hice con Ben Aflul. Simeón Ben-Kosebah, Príncipe de Israel.

No sabemos quién o qué hizo el desgraciado Ben-Aflul. Tampoco sabemos nada de los galileos mencionados en la carta. No existe ninguna razón en especial para pensar que fueran judeocristianos. Sabemos que los judeocristianos tuvieron que soportar una dura persecución a manos de Simeón y sus seguidores, porque se negaron a unirse a su levantamiento, pero no existe ninguna prueba de que los llamasen galileos. Lo más seguro es suponer que la carta se refiere a algunos individuos problemáticos procedentes de Galilea de los cuales no nos ha llegado más información.

También se encontró una carta dirigida a Yeshua por parte de dos funcionarios de una comunidad judía. Numerosas copias de un documento legal en arameo están fechadas «en el tercer año de la liberación de Israel por la mano de Simeón Bar-Kosebah». Entre otros documentos fechados en el siglo II se encuentran algunos textos griegos sobre papiro: un contrato de matrimonio fechado en 124 d.C. (en el séptimo año de Adriano), un contrato de reconciliación entre marido y mujer, un bono del año 171, y un documento fechado en el reino del emperador Cómodo (180-193 d.C.). También había fragmentos en cursiva latina. Esto sugiere que después de aplastar la rebelión, el puesto fue ocupado por una guarnición romana durante un período de tiempo bastante considerable.

También se encontraron unas pocas piezas de cerámica inscritas (ostraca), la mayoría de las cuales tenían escritura

---

[27] *Ben* es la palabra hebrea por «hijo»; *bar* es su equivalente en arameo.

hebrea, aunque en algunas la escritura era griega. Se descifraron dos fragmentos de obras literarias griegas: una de ellas tenía un carácter religioso, la otra parecía tratar de la familia de Herodes porque se pudieron distinguir los nombres de Salomé y Mariamne. ¿Podría tratarse de un fragmento de la obra de Nicolás de Damasco, historiador real en la corte de Herodes el Grande? El fragmento es demasiado pequeño para llegar a ninguna conclusión definitiva.

Pero los hallazgos del siglo II en este yacimiento incluían numerosos fragmentos de manuscritos bíblicos hebreos, escritos sobre cuero. Entre estos se encontraban fragmentos de cuatro rollos —uno de Génesis, dos de Éxodo y uno de Deuteronomio— que presentaban las señales inconfundibles de haber sido rotos con violencia. ¿Era esta destrucción obra de los soldados romanos cuando asaltaron la posición? No sería la primera vez que la soldadesca romana trataba de esta forma a las Escrituras judías. Otros manuscritos habían sido reducidos a trozos por miembros más humildes de la creación de Dios que los soldados romanos: las ratas y otros pequeños animales los habían utilizado para fabricar sus nidos. Se encontró el inicio de un rollo de Isaías que mostraba los versículos 4 a 14 del capítulo 1. También había una filacteria completa, es decir, un pergamino que contenía cuatro pasajes de la Biblia hebrea (Éxodo 13:1-10; Éxodo 13:11-16, Deuteronomio 6:4-9; Deuteronomio 11:13-21) en columnas paralelas, que se encontraba dentro de un envoltorio de cuero que se solía llevar sobre la frente o en el brazo izquierdo en cumplimiento literal del mandato divino: «Y estas palabras que yo te mando hoy... las atarás como una señal en tu mano y estarán como frontales entre tus ojos» (Deuteronomio 6:6-8). (En algunas de las cuevas de Qumrán se encontraron filacterias fragmentarias, pero éstas eran de un tipo más antiguo, que incluían los diez mandamientos además de los pasajes mencionados antes; este tipo se dejó de utilizar después del año 70 d.C.)

Procedentes de cuevas sin identificar en la vecindad de Murabba'at, los beduinos extrajeron otro grupo de manuscritos (en su mayor parte fragmentarios) de carácter muy similar a los encontrado en el Wadi Murabba'at. Algunos de ellos parece que se originaron en otra guarnición insurgente de los años 132-135 d.C., pues incluían una carta en hebreo dirigida a Simeón Ben-Kosebah y dos contratos en arameo fechados «en el tercer año de la liberación de Israel por la mano de Simeón Ben-Kosebah». También había dos documentos en griego y dos documentos en arameo fechado según el calendario de la provincia romana de Arabia (que fue creada por el emperador Trajano en el año 106 d.C.) y documentos en papiro con el dialecto nabateo del arameo, más largos que cualquier otro documento nabateo que se conociera hasta ese momento. Los textos bíblicos hebreos de este yacimiento sin identificar incluían fragmentos de Génesis, Números y los Salmos, junto con otra filacteria completa; también había una columna de una copia griega del Libro de Habacuc, que podría aportar una importante eslabón perdido en la historia de la Septuaginta. Más recientemente se ha encontrado en Murabba'at un rollo de los Profetas Menores en hebreo, desde la mitad de Joel hasta el inicio de Zacarías, datado en el siglo II d.C. y estrechamente relacionado con el texto masorético.

Estos descubrimientos no tienen un vínculo directo con los hallazgos en las cuevas de Qumrán. Pero tienen una importante relación indirecta con los manuscritos de Qumrán. Muchos de los documentos de Murabba'at y del yacimiento desconocido en la misma zona están fechados sin ninguna duda en el siglo II d.C. Los textos bíblicos encontrados con ellos no pueden ser de fecha posterior a esa. En ese caso se deduce que los manuscritos de Qumrán son anteriores al siglo II d.C. por dos razones. En primer lugar, los documentos de Murabba'at muestran una fase posterior en la evolución de la paleografía hebrea y aramea en comparación con los de Qumrán. En segundo lugar, los textos bíblicos hebreos de Murabba'at se ajustan exactamente al texto consonántico preservado posteriormente por los masoretas; reflejan una época en la que las desviaciones textuales como aparecen en numerosos textos bíblicos procedentes de Qumrán habían desaparecido de la circulación; sin duda, en su mayor parte a través de la actividad de Rabí Aqiba y sus colegas a principios del siglo II. En consecuencia, los textos de Murabba'at aportan una confirmación externa de la datación general ya establecida para los manuscritos de Qumrán basándose en otros fundamentos.

Khirbet Mird

A medio camino entre el Wadi Qumran y el Wadi Murabba'at existe otro curso de agua que discurre hacia el mar Muerto desde el oeste: el Wadi en-Nar, más conocido a los lectores de la Biblia como «el torrente de Cedrón» que se encuentra entre Jerusalén y el Monte de los Olivos. De un yacimiento en ruinas al norte de este curso de agua, Khirbet Mird, los infatigables Ta'amireh desenterraron más material manuscrito de gran interés, pero de fecha bastante más tardía que los documentos encontrados en Qumrán y Murabba'at. Entre ellos se incluían fragmentos en papiro de cartas privadas en árabe de los siglos VII y VIII, una carta en siríaco (también sobre papiro) escrita por un monje cristiano, y un fragmento de la *Andrómaca* de Eurípides en griego, junto con una serie de textos bíblicos en griego y en siríaco palestino. Los textos griegos incluían fragmentos de códices unciales de Sabiduría, Marcos, Juan y Hechos, escritos entre los siglos V y VIII d.C.; entre los escritos en siríaco palestino se encontraban fragmentos de Josué, Lucas, Juan, Hechos y Colosenses (muchos de ellos eran palimpsestos). Todos estos fragmentos bíblicos eran de origen cristiano, a diferencia de los de Qumrán y Murabba'at, que pertenecían a los judíos.

Capítulo VI

LOS MANUSCRITOS Y EL ANTIGUO
TESTAMENTO

En pocas palabras, los miembros de la secta de Qumrán eran aplicados estudiosos de las Escrituras hebreas. Si debemos juzgar por el hecho que ciertos libros del Antiguo Testamento aparecen con mayor frecuencia que los demás entre los fragmentos encontrados, entonces parecería que tenían especial interés en Deuteronomio, Isaías, los Salmos, los Profetas Menores y Daniel. Pero cuando tanto ha quedado en manos de los peligros del tiempo y del clima, sólo podemos plantear hipótesis provisionales sobre este tema. De forma similar, no podemos estar seguros de qué pensar sobre el hecho que no se haya identificado hasta el monte ningún fragmento del Libro de Ester entre los hallazgos de Qumrán. Sabemos que algunos judíos, como algunos cristianos en tiempos antiguos y más recientes, tenían dudas sobre la idoneidad de incluir a Ester en el canon de los libros sagrados; por otro lado, la ausencia de cualquier fragmento de Ester en Qumrán podría ser accidental y uno de ellos podría salir a la luz de forma inesperada.

El canon de las Escrituras

¿Podemos plantear más hipótesis generales sobre la visión que tenían esas personas del canon de las Sagradas Escrituras? Queda claro que le conferían autoridad divina a los libros de la primera y la segunda parte de la Biblia hebrea: la Ley y los Profetas. Para ellos incluso «profetas menores» como Miqueas, Nahum y Habacuc eran oráculos inspirados, profetizando cosas que ellos creían que podían reconocer que se estaban cumpliendo en su propia época. Es muy probable que le otorgaran una autoridad similar a la mayor parte de los libros de la tercera parte: los «Escritos». ¿Pero aceptaban un canon más amplio que el reconocido oficialmente en Jerusalén o en

Alejandría? Su biblioteca incluía muchas obras apocalípticas y seudoepigráficas que gozaban de considerable prestigio entre ciertas parte de la población de Judea en esa época, como el *Libro de los Jubileos* y *Primer Enoc*. Pero no está claro que formalmente los colocaran al mismo nivel que la Ley y los Profetas. Este es un tema que requeriría una mayor investigación. Conocemos cristianos que en la práctica tratan el *Prayer Book* o *Pilgrim's Progress** con la misma reverencia que otorgan a la Biblia; pero este tratamiento reverente no significa la canonización formal de estas obras. Una obra como la *Regla de la comunidad* tenía la finalidad obvia de ser vinculante para la comunidad, pero eso no la convertía en escritura sagrada.

Crítica literaria

Cuando se difundieron las primeras noticias de los hallazgos, su importancia principal parecía radicar en la que nueva luz que se suponía que podrían arrojar sobre el texto del Antiguo Testamento. Ya se han mencionado las razones de esta suposición. Si era cierto, como afirmaron los primeros estudiosos que examinaron los rollos que procedían de los primeros años de la era cristiana o de los siglos finales de la era anterior, entonces podríamos contar con manuscritos bíblicos hebreos cerca de mil años más cercanos al momento en que fueron escritos los libros del Antiguo Testamento que los manuscritos más antiguos que se conocían hasta ese momento. Cuando evidencias posteriores parecieron confirmar esta datación temprana de los rollos, se plantearon rápidamente toda una serie de cuestiones. El primer rollo que recibió mayor publicidad y el primero en aparecer publicado en forma facsimilar fue el manuscrito completo de Isaías de la Cueva 1.

---

* El *Prayer Book* o Libro de oraciones es un manual para orar y también para celebrar ciertas liturgias eclesiásticas en la Iglesia anglicana. *Pilgrim's Progress* es una novela alegórica escrita por John Bunyan en 1678 y que aún en la actualidad es un libro de referencia para la formación cristiana en el mundo anglosajón. *(N. del T.)*

¿Qué nueva información podría proporcionar sobre los problemas que se planteaban en el estudio de este libro en concreto? ¿Demostraba, por ejemplo, que no había «dos Isaías» sino uno solo?

A esta pregunta el rollo Isaías A no nos da ninguna respuesta que no conociéramos ya. Aunque fuera una copia tan antigua que procediese del año 175 a.C., sabemos que en esa época el Libro de Isaías era muy común en prácticamente la misma forma que lo conocemos en la actualidad. Alrededor del año 180 a.C., el sabio judío Jesús Ben-Sira escribió su libro de sabiduría que conocemos como el Eclesiástico; y en la sección de ese libro titulada «Elogio del pasado», que celebra la memoria de los grandes israelitas de los primeros días, deja claro que el Libro de Isaías que conoce llega como mínimo hasta lo que nosotros llamamos el capítulo 61. Hablando del rey Ezequías, que reinó en Judá durante parte de la vida de Isaías, Ben-Sira dice (Eclesiástico 48:22-25):

> Pues Ezequías agradó al Señor con su conducta,
>   y se mantuvo firme tras las huellas de su antepasado David,
> como se lo ordenó el profeta Isaías,
>   el grande y digno de fe en sus visiones.
> En los días de Isaías el sol retrocedió,
>   y él prolongó la vida del rey.
> Con gran espíritu vio el fin de los tiempos,
>   y consoló a los afligidos de Sión,
> reveló el futuro hasta la eternidad
>   y las cosas ocultas antes que sucediesen.

En estos versículos Ben-Sira cita indiscriminadamente de todas las secciones del Libro de Isaías. La referencia a la «visión» de Isaías probablemente se refiera a Isaías 1:1; la referencia al sol que retrocedió y la prolongación de la vida del rey recuerda la historia de la enfermedad de Ezequías en Isaías 38; el profeta viendo «el final de los tiempos» podría ser una alusión a Isaías 2:2; su consuelo «a los afligidos de Sión» es una referencia combinada a Isaías 40:1 y 61:3; y las dos últimas líneas de la cita de Ben-Sira se remiten a pasajes como Isaías 41:4, 22 y ss., 26 y 48:6. En consecuencia no hay nada sorprendente en el hecho de que un manuscrito de Isaías copiado bastante más tarde en el mismo siglo contenga el material de los sesenta y un capítulos, como hace Isaías A.

En cuanto estuvo disponible un facsímil completo de este rollo, mucha gente se fijó en el lugar donde termina el capítulo 39 y empieza el capítulo 40, y quedó impresionada al descubrir que no había ningún espacio entre los dos. De hecho, el capítulo 40 empieza en la última línea de una columna. Pero esto no prueba nada. Aquellos que piensan lo contrario deberían ponerse en guardia, porque se les podría invitar a aplicar sus propios argumentos en una sección anterior del rollo. Porque el capítulo 33 termina cerca del pie de una columna donde aún queda espacio para tres líneas de escritura. Pero el capítulo 34 empieza en lo alto de la columna siguiente. Pero, ¿se ha llegado a sugerir en algún momento que existe un cambio de autoría al final del capítulo 33? De hecho, sí. En sus conferencias sobre *The Prophets of Israel* [*Los profetas de Israel*] (escritas en 1882), por ejemplo, William Robertson Smith cita los versículos finales del capítulo 33 como el último mensaje del «Primer Isaías». «Y así las palabras de Jehová a Isaías terminan como habían empezado», afirma, «con el perdón de los pecados». Pero en realidad sería poco acertado argumentar que el espacio tras el capítulo 33 indica un cambio de autoría, de la misma forma que lo sería afirmar que la ausencia de espacio tras el capítulo 39 excluye en ese punto un cambio de autoría. El espacio tras el capítulo 33 podría indicar más bien un cambio de escriba, o podría marcar que un escriba copió la primera mitad del libro de un manuscrito y la segunda mitad de otro. En resumen, el rollo no nos dice nada en absoluto sobre las fases en las que nuestro Libro de Isaías adquirió su forma actual; y la única razón para tratar el tema con tanta extensión es que se ha sugerido (incluso por personas que lo deberían saber muy bien) que este rollo da una respuesta decisiva a todas nuestras preguntas sobre la crítica literaria del libro.

Pero ciertas teorías de unos pocos críticos literarios parece que quedan totalmente descartadas por el rollo. Una o dos secciones de Isaías han sido fechadas por algunos estudios en la época de los macabeos, es decir, en los años posteriores a 168 a.C. Un estudioso cree que el retrato del Siervo Sufriente debe su inclusión a los sufrimientos de los piadosos mártires judíos bajo Antioco Epífanes en esa época; otro fecha los capítulos del 24 al 27 (el llamado «Apocalipsis de Isaías») en el reinado de Juan Hircano (135-104 a.C.). Lo cierto es que, si estas teorías extremas estuvieran bien fundamentadas, estas secciones de Isaías nunca se hubieran incorporado en el manuscrito de un libro redactado hacia mediados del siglo II a.C. Pero, ¿qué podemos decir de un estudioso actual que en el curso de su estudio de los rollos del mar Muerto consideró adecuado sugerir que el retrato del Siervo Sufriente se basaba en la experiencia del Maestro de Justicia, el reverenciado líder de la secta de Qumrán, cuya muerta sitúa en 65 o 63 a.C.?[28]

Dejemos estas cuestiones de crítica literaria y volvamos a la crítica textual, en la que Isaías A y los demás manuscritos bíblicos descubiertos en Qumrán y Murabba'at tienen algo más positivo que decir.

El texto bíblico

¿Cómo encajan estos antiguos textos bíblicos en comparación con los que hasta ese momento conocíamos como los más antiguos que habían sobrevivido? ¿Los escribas judíos que copiaron los libros sagrados generación tras generación durante los nueve primeros siglos de la era cristiana realizaron su trabajo con esmero o con descuido? ¿Introdujeron muchos errores? ¿Los rollos recién descubiertos nos permiten introducir correcciones a gran escala en los manuscritos masoréticos?

Las nuevas evidencias confirman lo que ya teníamos buenas razones para creer: que los escribas judíos de los primeros siglos del cristianismo copiaron y recopiaron el texto de la Biblia hebrea con la mayor fidelidad posible. Su destreza era mucho más precisa que la de los escribas cristianos que copiaron y

---

[28] Véase A. Dupont-Sommer, *The Dead Sea Scrolls* [*Los rollos del mar Muerto*] (1952), p. 96.

recopiaron el texto de la Biblia griega.

El texto de Isaías A estuvo disponible justo a tiempo para que los traductores de la Revised Standard Version del Antiguo Testamento pudieran utilizarlo antes de que esta versión de la Biblia fuera publicada en septiembre de 1952. El Dr. Millar Burrows, que fue miembro del Comité de Revisión, nos explica[29] que en total se adoptaron trece pasajes en los que Isaías A se desviaba del texto tradicional, y añade que en algunos casos en los que él votó a favor de la adopción de este nuevo texto, ahora creía que el texto tradicional se debería haber mantenido después de todo. Un pasaje en el que tenían toda la razón para adoptar la versión de Isaías A era Isaías 21:8, donde la RSV decía (en referencia a un guardia que está oteando el desierto sirio hacia el este en espera de un mensajero): «Entonces gritó: Estoy de pie en la torre, oh Señor…"» En este punto, por un cambio accidental de consonantes, el texto masorético había introducido la figura irrelevante de una león, de manera que la AV dice: «Y gritó: "Un león…"», mientras que la RV dice: «Y gritó como un león…»*

Pero existe un pasaje en el que habríamos esperado sin ninguna duda que la RSV adoptara la versión de Isaías A y, sorprendentemente, ni siquiera se menciona en una nota a pie de página. En el oráculo del Siervo Sufriente en el capítulo 53, versículo 11, el texto masorético empieza con las palabras que reproducen AV y RV: «Verá de la aflicción de su alma y quedará satisfecho». Sin embargo, la Septuaginta, la traducción griega pre-cristiana del Antiguo Testamento añade la palabra «luz» como un objeto en la primera parte de este versículo, y en general se ha aceptado que el texto hebreo original tenía esta palabra, que habría desaparecido inadvertidamente en el curso del copiado y recopiado. Las ediciones críticas del texto hebreo

---

[29] *The Dead Sea Scrolls* [*Los rollos del mar Muerto*] (1955), pp. 304 y ss.

* En las traducciones al castellano de este texto ocurre algo parecido, pues mientras la Reina-Valera mantiene la traducción «y gritó como un león», la Nueva Versión Internacional adopta el texto de Isaías A «Y el centinela gritó: … Señor, estoy de pie en la torre…». AV se refiere a la American Version de la Biblia inglesa y RV a la Revised Version. *(N. del T.)*

incluyen de forma habitual una nota en este punto sugiriendo que el texto original era: «Antes (o "después") de la aflicción de su alma verá la *luz*, y quedará satisfecho». Con ello se ofrece una respuesta a la pregunta natural del lector cuando considera el versículo en el texto masorético: «¿*Qué* verá?» Pero ahora ya no existe la necesidad de *suponer* que el texto hebreo incluía originalmente la palabra «luz»; sencillamente se encuentra allí para que lo vea todo el mundo en el manuscrito hebreo más antiguo que se conoce: Isaías A. Y, si esto no fuera suficiente, está presente en el manuscrito incompleto de Isaías que también se encontró en la Cueva 1: Isaías B. No existe ninguna relación estrecha entre estos dos manuscritos, excepto por el hecho de que estuvieron almacenados en la misma cueva; y el hecho que los dos tengan la palabra «luz» en Isaías 53:11 es una prueba muy poderosa de que este es el texto original. Sin embargo la RSV ignora sorprendentemente esta versión y ofrece en su lugar una paráfrasis del texto masorético: «Verá el fruto de la aflicción de su alma y quedará satisfecho.»*

Otro pasaje muy atractivo de Isaías A que la RSV no menciona se encuentra en Isaías 40:12, donde encontramos: « ¿Quién midió *las aguas del mar* (en hebreo, *mê yam*) con el hueco de su mano?» en lugar del masorético: « ¿Quién midió *las aguas* (en hebreo, *mayim*) en el hueco de su mano?»

Isaías A tiene todas las señales de una copia popular y extraoficial del texto sagrado. Probablemente fue obra de escribas aficionados, o al menos de escribas que no pertenecían al grado más alto de su profesión. El deletreo es mucho más fonético que el hebreo clásico. La escritura hebrea consistía inicialmente sólo en consonantes; los pequeños puntos y guiones que servían para marcar las vocales no aparecieron hasta los siglos VIII y IX d.C. Pero en una época mucho más antigua algunas de las letras del alfabeto hebreo (todas ellas tenían como función primaria representar sonidos

---

* He utilizado aquí la traducción que da Reina-Valera, que es similar a la traducción inglesa que menciona el autor. En nuestro caso, la Nueva Versión Internacional sí recoge la versión de Isaías A: «Después de su sufrimiento, verá la luz y quedará satisfecho». *(N. del T.)*

consonánticos) eran utilizadas como función secundaria para indicar ciertos sonidos vocálicos de gran importancia. Este uso de letras vocálicas aparece en época tan temprana como la inscripción de Mesa, rey de Moab, en la Piedra Moabita (*ca.* 850 a.C.) y los lectores de la Biblia hebrea están bastante familiarizados con ellas. Pero aparecen a una escala mucho más extensa en Isaías A, y seguramente su función era ayudar a personas que (a diferencia de los lectores habituales en las sinagogas) no eran expertos en la lectura del hebreo. Se ha sugerido, de forma muy razonable, que el renacimiento nacionalista de la época de los macabeos probablemente promovió la renovación del interés en el hebreo como la lengua tradicional judía, que había quedado desplazada durante muchas generaciones como lengua vernácula por la lengua hermana del arameo. Los judíos que intentaban aprender de nuevo el hebreo, como los sionistas en tiempos más recientes, estarían agradecidos por un deletreo más fonético que el que se practicaba en las escuelas.

Por esta razón Isaías A también arroja luz sobre la pronunciación del hebreo en Palestina en el siglo II a.C. Otro aspecto menor en el que se desvía del texto tradicional es en ciertas formas gramaticales y terminaciones. También aquí los rollos proporcionan información interesante sobre la evolución de las inflexiones hebreas. Pero una desviación en el deletreo y en el acento no marca de ninguna manera una diferencia en el significado, y desparecen con la traducción. La mayor parte de las desviaciones en Isaías A que representan una diferencia en el significado del texto —añadidos, omisiones y alteraciones de palabras y grupos de palabras— muestran sencillamente, cuando se las somete a un escrutinio crítico, que el texto de este manuscrito, aunque muy antiguo, no es tan preciso como el texto tradicional recibido y transmitido por los masoretas.

En cuanto a Isaías B, las diferencias entre este texto y el de los masoretas son menores y menos significativas. Mientras que Isaías A probablemente fue copiado a ojo (es decir, a partir de una copia anterior que se encontraba delante del escriba o escribas), Isaías B parece que fue copiado a oído (es decir, alguien leía en voz alta un manuscrito más antiguo y el escriba apuntaba lo que escuchaba, o lo que creía que había escuchado). Algunos de los deslices del escriba en Isaías B son sencillamente errores de audición. Por ejemplo, le resultaba difícil distinguir entre los diferentes sonidos guturales en hebreo. Pero fue capaz de producir un trabajo mucho más limpio y preciso que Isaías A, que en comparación es bastante más descuidado. Y en lo que se refiere a la impresión general que produce el texto de Isaías B, es más cercano al texto masorético tradicional de manera que en la práctica no existen diferencias. Ésta es la razón por la cual la aparición de la palabra «luz» en Isaías 53:11 es tan significativa; queda claro que esa palabra estaba presente en el texto hebreo de uso habitual a principios de la era cristiana, y que desapareció por accidente en algún momento entre entonces y el año 400 d.C. (estaba ausente del texto hebreo en el que Jerónimo basó su traducción latina del Antiguo Testamento a principios del siglo V).

En consecuencia, tenemos razones para creer que el texto consonántico de la Biblia hebrea que editaron los masoretas se había transmitido hasta su época con gran fidelidad durante un período de casi mil años. Existen algunas evidencias de que el texto fue revisado alrededor de los inicios del siglo II d.C. por el Rabí Aqiba y sus colegas, que deseaban tener un texto de autoridad que fuera aceptado uniformemente por el pueblo judío. Pero el testimonio de estos dos manuscritos, que pertenecen a una etapa anterior a la generación de Aqiba, muestra que la revisión y la edición que emprendieron los estudiosos no pudieron implicar ninguna modificación significativa de los textos sagrados. Quizá se preocuparon por excluir algunos textos excéntricos que se encontraban en circulación, pero en el punto en que fijaron una versión estándar, fue la forma que se aceptaba generalmente como estándar.

Sabemos que durante el ataque que lanzó Antioco Epífanes contra la vida religiosa de los judíos palestinos en 168 a.C., las sagradas escrituras fueron confiscadas y destruidas por los funcionarios del rey. «Rasgaban y quemaban los libros de la ley que encontraban. Al que encontraban el libro de la alianza y al que observaba la ley se le condenaba a muerte de acuerdo con el decreto real» (1 Macabeos 1:56-57). En consecuencia, fue inevitable que cuando los judíos reconquistaron su libertad religiosa unos años más tarde hubiera una necesidad urgente de nuevas copias de los libros sagrados para reemplazar los que fueron destruidos; no sólo se produjeron copias nuevas sino que también se importaron copias de las colonias judías fuera de Palestina. Y aunque en este aspecto no es posible reconstruir el curso exacto de los acontecimientos, parece bastante probable que la forma del texto que heredaron los masoretas a través de las generaciones que les separaban de Aqiba y sus contemporáneos, se remontaba hasta la época de los macabeos.

Al encontrarse cada vez más copias de las Escrituras hebreas en Qumrán y Murabba'at, y al ser publicadas en beneficio de todo el mundo implicado en los estudios bíblicos, resultó evidente que el texto masorético no era la única forma presente en las mismas. El texto del Antiguo Testamento ha llegado hasta nosotros a través de tres grandes líneas de transmisión. Una de ellas es la línea masorética, a la que ya nos hemos referido. Otra línea está representada por la traducción griega conocida como la Septuaginta. Conservamos excelentes manuscritos de la Septuaginta procedentes del siglo IV d.C., fragmentos sustanciales pertenecientes al siglo anterior y fragmentos más pequeños de fechas aún más antiguas, siendo las de mayor edad cuatro columnas fragmentarias de un rollo de papiro del Deuteronomio en griego que fueron escritas en el siglo II a.C. Se sabe muy bien, una vez hechas todas las salvedades a causa de la libertad e incluso las inexactitudes en la traducción y por el uso de paráfrasis e interpretaciones como preferencia en vez de una traslación literal de muchos pasajes, que el texto hebreo del que deriva la versión de la Septuaginta difiere en muchos aspectos particulares del texto hebreo tradicional que ha llegado hasta nosotros. Resulta natural asumir que la versión de la Septuaginta se basó en copias de la Biblia hebrea que eran corrientes en Egipto (más concretamente en Alejandría) en los tres últimos siglos antes de Cristo, porque la Septuaginta se tradujo en principio para el uso de la comunidad judía de habla griega de Alejandría. Pero sólo desde los hallazgos en Qumrán han salido a las luz copias de las Escrituras *hebreas* que muestran pasajes que antes sólo se conocían por el Antiguo Testamento *griego*, y se consideraban como una característica de la Septuaginta.

Eso no es todo. Existe una tercera línea de transmisión a través de la que se preservó una división de la Biblia hebrea. Los samaritanos han conservado el texto hebreo del Pentateuco en una recensión propia que se remonta a la época de la ruptura final con los judíos, poco antes del final del período de la dominación persa en el siglo IV a.C. Y algunos textos bíblicos hebreos encontrados en Qumrán presentan afinidades más estrechas con la recensión que hasta ese momento se considerada distintivamente samaritana, que con el texto que nos ha llegado a través de la tradición judía.

La conclusión a la que nos vemos obligados a llegar es la siguiente: que las tres formas del texto —el texto hebreo recibido y transmitido por los masoretas, el texto hebreo subyacente a la Septuaginta y el texto hebreo del Pentateuco preservado por los samaritanos— no eran en ningún sentido sectarias en los siglos finales del Segundo Templo, sino que eran textos con variaciones que corrían entre el pueblo de Israel en sentido amplio, incluyendo a los judíos de Palestina. Pudiera ser que el texto masorético se remontase a una recensión babilónica, mientras que la Septuaginta se basase en el texto hebreo habitual en Egipto, y el samaritano fuera un texto palestino. En cualquier caso, sean cuales sean las diferencias que puedan existir entre los fieles de Qumrán y sus compatriotas judíos, es cierto que compartían los mismos textos bíblicos. Si en Qumrán se utilizaban tres tipos de textos claramente diferenciados es porque también se usaban por toda Judea. Pero en los últimos restos encontrados en Murabba'at y sus alrededor sólo existen evidencias de un solo tipo de texto, en los que se refiere a los fragmentos de las Escrituras hebreas. Ese tipo es el masorético, y la razón pudiera ser que Aqiba y sus colegas habían establecido el tipo masorético como el que debía ser aceptado por encima de las otras dos tipos de textos bíblicos encontrados por los arqueólogos en la Cueva 1 de Qumrán en 1949, se anunció que un fragmento hebreo de Deuteronomio

73

presentaba una versión del capítulo 31:1 («Y Moisés terminó hablando todas estas palabras») que estaba de acuerdo con la Septuaginta y no con el texto masorético («Fue Moisés y habló todas estas palabras»). Pero aparecieron muchas más pruebas del mismo tipo cuando se empezaron a examinar los arqueólogos representados en Qumrán. Y si Aqiba y sus colegas establecieron realmente la forma masorética del texto como la de mayor autoridad, debemos aplaudir su buen juicio, porque en la mayoría de los pasajes en los que una de las demás formas se desvía del texto masorético, ésta versión masorética es superior.

Cuando se estudiaron los fragmentos de la Cueva 4. El documento bíblico mejor preservado de la Cueva 4 es una copia hebrea del Libro de Samuel. Este rollo comprendía originalmente cincuenta y siete columnas, de las que se han podido identificar cuarenta y siete. Este texto hebreo de Samuel es muy parecido al tipo de texto que tuvo que utilizar la Septuaginta para traducir a Samuel. Resulta aún más remarcable que presente una gran afinidad con el texto de Samuel que tuvo que utilizar el autor del Libro de Crónicas para redactar su obra; mucho más cercano a ellos que al texto de Samuel preservado en la tradición masorética.

Un fragmento hebreo de Éxodo se ajusta a la Septuaginta en contra del texto masorético al dar setenta y cinco en vez de setenta como el número de los descendientes de Jacob en Éxodo 1:5 (compárese con Hechos 7:14).

Un pequeño fragmento de Deuteronomio 32:8 presenta por primera vez una prueba documental de una versión hebrea que desde hace mucho tiempo había sido deducida en base a la Septuaginta. En el texto masorético los versículos dicen (como aparece en RV):*

> Cuando el Altísimo hizo heredar a las naciones,
> Cuando hizo dividir a los hijos de los hombres,

---

* A pesar de la coincidencia en las siglas, el autor se refiere a la Revised Version. En este caso he utilizado la versión castellana de Reina-Valera que se ajusta a la versión en inglés que da el autor. *(N. del T.)*

Estableció los límites de los pueblos
Según el número de los hijos de Israel.

La versión de la Septuaginta de la última frase es: «según el número de los ángeles de Dios». A partir de ahí se llegó a la conclusión que el texto hebreo utilizado por el traductor de la Septuaginta no hablaba de «hijos de Israel» sino de «hijos de Dios» (en el mismo sentido que se utiliza esta expresión en Génesis 6:2, Job 1:6, 2:1 y 38:7). Algunos fueron mucho más allá y vieron esta versión como preferible a la del texto masorético. Por eso la RSV presenta la última frase como «según el número de los hijos de Dios», mencionando en una nota que esta es la versión griega, mientras que la hebrea contiene «Israel» y no «Dios». Pero ahora se puede citar al menos un manuscrito hebreo fragmentario en apoyo de la versión «hijos de Dios».

Al final del mismo capítulo de Deuteronomio (el Cántico de Moisés), la Septuaginta presenta algunas divergencias remarcables con respecto al texto masorético. En especial, el versículo 43, es el doble de largo en la versión de la Septuaginta (y es de una frase en la versión de la Septuaginta de este versículo, que está ausente del texto masorético, que se citan las palabras «Adórenle todos los ángeles de Dios» en Hebreos 1:6). Otro fragmento hebreo de Deuteronomio 32 de la Cueva 4 de Qumrán presenta del versículo 37 al versículo 43 una versión parecida a la de la Septuaginta que no se había encontrado con anterioridad en ningún manuscrito hebreo.

De la Cueva 4 procede un rollo fragmentario del Libro de Éxodo en escritura paleo-hebrea, que muestra un tipo de texto que hasta ese momento se consideraba característicamente samaritano. Uno de los rasgos distintivos del Pentateuco samaritano es una tendencia persistente a la expansión. Por ejemplo, si Moisés recibe el mandato de hacer algo (por ejemplo, en relación con las sucesivas plagas de Egipto en los primeros capítulos de Éxodo), la versión samaritana no se contenta con decir que «Moisés lo hizo», sino que tiene que repetir de nuevo todos los detalles que aparecían en las instrucciones dadas a Moisés, y registra cómo Moisés las cumplió una a una. Otra vez, en los primeros capítulos de Deuteronomio, Moisés repite en primera persona buena parte de la narración de Éxodo, pero aquí y allí en la retrospectiva de Moisés se añaden detalles que están ausentes del texto tradicional de Éxodo. El texto samaritano de Éxodo sí que los inserta. Pero ésta y otras características que con anterioridad se consideraban típicamente samaritanas se encuentran en este rollo de la Cueva 4. No debemos suponer que existiera ningún contacto especial entre la comunidad de Qumrán y los samaritanos; lo que significan este y otros descubrimientos similares es que existió una época en la que esta forma del texto no era peculiar de los samaritanos, sino habitual también entre los judíos.

Y además de los textos que se pueden clasificar como distintivos de uno u otra de estas tres familias (correspondiendo a las ediciones masorética, Septuaginta y samaritana), existen otros que presentan una mezcla de características de dos o más de estas familias y pudiera ser que algunos pertenecieran a otras familias que aún no han sido identificadas. Pasará mucho tiempo hasta que se pueda obtener una imagen clara de su posición. Pero en general los nuevos hallazgos han aumentado nuestro respeto por el texto hebreo masorético. En una serie de pasajes necesita correcciones (las palabras «Entonces gritó» en Isaías 21:8 y «luz» en Isaías 53:11 son enmiendas claras, e «hijos de Dios» en Deuteronomio 32:8 es muy probable que también lo sea), pero teniendo en cuenta toda la extensión de los escritos del Antiguo Testamento no hay ninguna duda que es muy superior a las otras formas del texto habituales a finales de la era pre-cristiana. La «pregunta grande e importante» que formuló Sir Frederic Kenyon en 1939 está en camino de recibir una respuesta más explícita y positiva de lo que se creía posible en su momento: « ¿El texto hebreo que llamamos masorético y que hemos demostrado que desciende de un texto redactado alrededor del año 100 d.C., representa con fidelidad el texto hebreo como fue escrito originalmente por los autores de los libros del Antiguo Testamento?»[30]

---

[30] *Our Bible and the Ancient Manuscripts* [*Nuestra Biblia y los antiguos manuscritos*], p. 47.

Capítulo VII

INTERPRETACIÓN BÍBLICA Y ESPERANZA MESIÁNICA

Interpretación bíblica

Otra cuestión sobre la relación de la comunidad de Qumrán con el Antiguo Testamento nos conduce directamente al centro de la vida y de la fe de la comunidad. ¿Cómo *interpretaban* el Antiguo Testamento?

Lo interpretaban de tal manera que veían su propio deber en los tiempos difíciles que les había tocado vivir como claramente descrito en los textos para su instrucción. Esto resulta evidente de inmediato en uno de los primeros rollos que se desplegó: el comentario de Habacuc procedente de la Cueva 1.[31] Ya hemos visto cómo reinterpretaron la situación en la que se encontraba Habacuc y vieron en sus palabras una descripción de sus propias circunstancias.

Nunca han faltado personas que han tratado a su manera las profecías bíblicas. En la actualidad hemos visto como estudiosos serios de la Biblia han creído reconocer en Hitler o

---

[31] No se puede asumir que todos los escritos no bíblicos encontrados en Qumrán reflejen las creencias y las prácticas de la comunidad. Estas obras (junto con los documentos bíblicos que las acompañan) son los restos de la biblioteca de la comunidad, y a ninguna comunidad le gustaría que se supusiera que todos los libros en su biblioteca se pudieran utilizar como fuentes de información sobre su vida y pensamiento. Pero muchas de las obras no bíblicas de Qumrán representan un sistema de creencias y prácticas autoconsistente, diferente del que practicaba la corriente principal del judaísmo, y a la luz de las demás evidencias literarias y arqueológicas se pueden utilizar razonablemente para reconstruir la apariencia y el destino de la comunidad de Qumrán.

Stalin la encarnación del Anticristo profetizado en el Nuevo Testamento. A principios de la década de 1930, un caballero en Inglaterra, que editó un periódico de corta vida para difundir sus personalísimas interpretaciones de la Biblia, publicó copias de las cartas que había escrito a Mussolini y Einstein, informándoles que eran respectivamente la Bestia y el Falso Profeta, dos siniestras figuras escatológicas del Apocalipsis. (Einstein le envió una respuesta breve y cortés, ¡que también fue publicada!) Y a lo largo de toda la era cristiana han existido personas serias que han creído, generación tras generación, que su presente eran los días del cumplimiento, cuando la historia llegaría a su fin.

Nuestro comentarista, que vivió algunas décadas antes del inicio de la era cristiana, estaba seguro de que el momento del fin se estaba acercando con rapidez, y que Habacuc y los demás profetas habían profetizado principalmente los días que él estaba viviendo en ese momento. Por eso se dedicó a estudiar y a aplicar las palabras de Habacuc de acuerdo con lo que creía que era su significado verdadero. Este significado era inevitablemente vago y misterioso hasta que hubiese llegado el momento del cumplimiento; con esta llegada, el significado quedaría claro para aquellos que tuvieran ojos para ver y corazón para comprender. Así cita la profecía de Habacuc, sección a sección, y añade seguidamente la interpretación a cada sección. Aquí va una muestra de su método:[32]

(Hab 1:4) *Por lo cual la ley es debilitada.* —La interpretación es que han rechazado la ley de Dios.

y el juicio no sale según la verdad; por cuanto el impío asedia al justo. —La interpretación es que «el justo» es el Maestro de Justicia y «el impío» es el Sacerdote Impío.

por eso sale torcida la justicia...

---

[32] En algunos puntos de esta «muestra» se han completado los huecos en el texto.

(1:5) *Mirad entre las naciones, y ved, y asombraos; porque haré una obra en vuestros días, que aun cuando se os contare, no la creeréis.* —La interpretación de este pasaje se refiere a los hombres impíos y perversos, con el Hombre de Mentiras, porque no creen en lo que les ha dicho el Maestro de Justicia por boca de Dios; y también se refiere a todos aquellos que actúan de forma perversa contra los mandamientos de Dios y contra el nuevo pacto, porque no creen en el pacto de Dios y no guardan Su sagrado sabbath. Y así la interpretación de este tema se refiere a todos aquellos que actúan con maldad en los últimos días, hombres violentos que rompen el pacto, que no creerán cuando se les diga que está llegando la última generación, de boca del sacerdote en cuyo corazón Dios ha puesto sabiduría para interpretar todas las palabras de Sus siervos los profetas a través de los cuales Él ha profetizado lo que le iba a ocurrir a Su pueblo y a Su tierra.

(1:6) *Porque he aquí, yo levanto a los caldeos, nación cruel y presurosa.* —La interpretación se refiere a los kitti'im que vienen del mar y son poderosos en la batalla...

Y así prosigue el comentario; cada frase en la profecía de Habacuc aparece como si contuviera alguna referencia a las dos figuras opuestas, el Sacerdote Impío y el Maestro de Justicia, con sus seguidores y asociados, o a los despiadados kitti'im, que son enviados por Dios para ejecutar Su juicio sobre los gobernantes opresores de Su pueblos, pero que se comportan de forma aún más opresiva que aquellos a los que han derrocado.

Como los kitti'im son sencillamente un poder mundano, que persigue una carrera de conquistas y de construcción de un imperio desde el oeste, se podría pensar que deberíamos tener mayor éxito en identificarlos a ellos que en identificar a individuos judíos que, por mucha importancia que les dé el comentarista, es posible que no hayan dejado ninguna huella en las páginas de la historia. Se dan más detalles de su terror irresistible cuando el comentarista explica como Habacuc los estaba describiendo en realidad cuando, en una lectura superficial, estaba describiendo a los caldeos de su propia época.

En consecuencia, estos kitti'im, en su rápido avance, aplastaron todo lo que se encontraba en su camino, y lo sometieron a su propio dominio. Tomaron posesión de muchas tierras y saquearon las ciudades de la tierra «para poseer las moradas ajenas», como dice Habacuc (1:6). Para alcanzar sus fines no se apoyaban sólo en su poder militar: «con consejos perversos todo su afán es hacer el mal, y con astucia y falsedad proceden contra todas las naciones» (esto es un comentario a 1:7). «Asolan la tierra con sus caballos y con sus animales; vienen de lejos, de las tierras costeras del mar, para devorar a todas las naciones como si fueran buitres, y nunca están satisfechos» (a 1:8). «Con cólera e ira, con pasión ardiente y furia, le hablan a todas las naciones» (a 1:9). Se burlan de reyes y potentados; se ríen ante una hueste poderosa; se ríen ante las fortalezas, porque las rodean con un gran ejército y aterrorizan a los defensores hasta que se rinden. También esto es un signo de la justicia divina; estos puestos fortificados se rinden a causa de la iniquidad de los que moran en ellos (todo esto es un comentario a 1:10). Sin embargo, estos kitti'im tienen gobernantes que se suceden con gran rapidez; «llegan uno detrás de otro para destruir la tierra» (comentario a 1:11).

Cuando Habacuc describe a los caldeos como que cogen a los hombres con redes como si fueran peces (1:15), el comentarista explica que los kitti'im «recogen las riquezas de todo lo que saquean como peces en el mar». Y cuando el profeta sigue diciendo que por eso los caldeos rinden honores divinos a las redes con las que han conseguido a sus cautivos (1:16), el comentarista dice que los kitti'im sacrifican a sus estandartes y cuidan sus armas de guerra con veneración religiosa. Imponen grandes tributos sobre las naciones, que se deben pagar cada año, despojando a la tierra de su riqueza. Y en la guerra son totalmente despiadados: su espada no respeta a hombres ni a mujeres ni al más pequeño de los niños.

Es difícil no llegar a la conclusión de que estos kitti'im son los romanos. Muchos de los puntos individuales en la descripción se podrían aplicar a otros conquistadores, pero la impresión general difícilmente se podría ajustar a otro pueblo conquistador del que tengamos conocimiento. La invasión de Asia por parte de Alejandro es demasiado temprana para otros elementos en la imagen general y no se puede relacionar con numerosos detalles en la descripción de los kitti'im. Sus sucesores, los ptolomeos y los seleúcidas , que combatieron en Palestina, no procedían de «las tierras costeras del mar» (es decir, de las costas del Egeo y del Mediterráneo) sino de Egipto y Siria.[33] Los gobernantes de los kitti'im, que se sucedían unos a otros en rápida sucesión, «según el consejo de una casa culpable»,[34] podría recordar a los principales magistrados de Roma, que se elegían anualmente para gobernar durante un año; en Oriente Próximo, durante el siglo I a.C., un comandante en jefe romano era sustituido por el siguiente con desconcertante rapidez y frecuencia. Mientras que la afirmación que los kitti'im otorgaban honores divinos a sus estandartes y armas pudiera ser una exageración retórica, es un hecho que las «águilas» y otros estandartes del ejército romano eran considerados objetos sagrados. El «águila», el estandarte de una legión, se conservaba en un santuario especial dentro del campamento militar y era considerado como un lugar propicio. Cuando los legionarios bajo el mando de Tito asaltaron el templo de Jerusalén en 70 d.C., Josefo describe como alzaron sus estandartes sobre la puerta oriental y allí les ofrecieron sacrificios.[35]

Durante un tiempo se pensó que otro de los rollos de la

---

[33] Además se dice que los reyes seleúcidas contrataron mercenarios de las tierras costeras («islas», pero éstas eran tropas extranjeras, auxiliares de sus fuerzas regulares (1 Macabeos 6:29, 11:38) En 1 Macabeos 15:1 la expresión «las islas del mar» se refiere vagamente a Rodas.

[34] ¿Una referencia al senado romano?

[35] No pretendo negar (como hacen algunos) que los seleúcidas realizaban la misma práctica; pero la evidencia es más fuerte en el caso de los romanos.

Cueva 1, el *Rollo de la Guerra*, en el que también aparece el término kitti'im, debía referirse sin lugar a dudas a seleúcidas y ptolomeos, porque se hacía una distinción entre los kitti'im de Asiria y los kitti'im de Egipto. Pero cuando se publicó el rollo completo, esta interpretación ya no pareció tan inevitable, porque los «kitti'im de Asiria» se podían considerar razonablemente como la administración romana de Siria y los «kitti'im de Egipto» como las fuerzas romanas en Egipto, más aún si, como parece, el *Rollo de la Guerra* fue redactado durante la primera fase de la ocupación romana de Judea.

Pero la referencia del *Rollo de la Guerra* nos ofrece una nueva oportunidad para ilustrar la creencia de la comunidad de Qumrán de que estaban viviendo en los últimos días, y que todas las cosas predichas por los profetas se iban a cumplir en un futuro muy cercano.

Cuando leyeron a los profetas, comprendieron que los últimos días estarían marcados por un conflicto final y decisivo, de una dureza sin precedentes, entre las fuerzas del bien y las fuerzas del mal. En los capítulos 38 y 39 de Ezequiel, por ejemplo, leían sobre una invasión de Palestina desde el norte, liderada por Gog, gobernante de la tierra de Magog. Gog marcharía al frente de una gran hueste internacional, que sería aniquilada por la intervención divina. Probablemente cuando Alejandro Magno avanzó hacia el sur desde Asia Menor a lo largo de la carretera costera sirio-palestina, algunos pensadores judíos lo identificaron con Gog, pero los acontecimientos les demostraron su error. Pero esta vez, con toda seguridad, la identificación no se podía poner en duda.

De nuevo, cuando leían el Libro de Daniel, leían en los versículos finales (36-45) del capítulo 11 sobre un obstinado rey del norte que establecería su dominio sobre Egipto, Libia y el Sudán, y que después llegaría desde allí para levantar su campamento con intenciones hostiles al oeste de Jerusalén; «mas llegará a su fin y no tendrá quien le ayude». Esos días serían días de una aflicción incomparable para los fieles en Israel, y deberán su liberación a la intervención de Miguel, el arcángel, que actuará como su campeón.

Los hombres de Qumrán creían firmemente que esos días de

aflicción incomparable eran inminentes. La última de todas las guerras estaba a punto de estallar; la lucha, como la llamaban ellos, «de los hijos de la luz contra los hijos de las tinieblas». Pero, aunque podían esperar que Miguel se presentara como su campeón y les proporcionara la victoria final, no se podían quedar pasivos en esta hora final; debían dar un paso al frente para ayudar a los del Señor contra los poderosos. Para hacer esto con eficacia debían estudiar el arte de la guerra. Y el resultado de su estudio se recoge en el *Rollo de la Guerra*. En el capítulo veinte de Deuteronomio encontraron las regulaciones para la antigua institución de la guerra santa en Israel; éstas, decidieron, debían ser actualizadas y puestas en práctica, porque esperaban que la batalla no fuera suya, sino del Señor. Sin embargo, las técnicas militares de aquellos tiempos tan lejanos cuando sus ancestros invadieron Canaán bajo el mando de Josué, no eran adecuadas para la situación en la que se encontraban ahora los hombres de Qumrán. En consecuencia, se pusieron a estudiar el arte de la guerra contemporánea, con la ayuda de los manuales militares romanos más actualizados.[36] Con esta combinación remarcable de religión antigua y técnica moderna, se prepararon para librar una guerra de cuarenta años. (Pero, de acuerdo con la antigua ley de la guerra santa, se abstendrían de cualquier hostilidad cada séptimo año.) En una primera fase de la guerra, regresarían del «desierto de las personas», donde vivían en el exilio, para acampar en «el desierto de Jerusalén» y presentarían batalla a los kitti'im y a sus aliados. Tras la derrota de estos enemigos, se ocuparían de los kitti'im en Egipto, y el dominio de los kitti'im desaparecería por completo. En Jerusalén se restauraría un culto puramente sacrificial con sacerdotes dignos. La guerra proseguiría contra otros «hijos de las tinieblas»: los enemigos ancestrales de Israel en siete de los territorios que lo rodeaban. Habría siete campañas principales; en tres de ellas los hijos de la luz quedarían vencedores y en tres serían vencidos, pero la

---

[36] Algunos han fechado el *Rollo de la guerra* en el período seléucida, pero los órdenes de batalla descritos en él se parecen mucho más a los de los romanos en el siglo I a.C. que a la falange macedonia.

victoria final de la séptima quedaría asegurada por la intervención de Miguel. Los hombres de Belial serían aniquilados; se alcanzaría el triunfo del pueblo de Dios, predicho por tantos profetas en los tiempos antiguos; se establecería una justicia que duraría por siempre; se establecería perpetuamente el reino de los cielos. En palabras que se hacen eco de los antiguos cánticos de victoria del Antiguo Testamento y de la época de los macabeos, cantaban por anticipado el cántico de bienvenido con el que el héroe conquistador, el capitán de las huestes del Señor, sería recibido después de la victoria sobre los hijos de las tinieblas:

> ¡Levántate, oh hombre poderoso, conduce a los cautivos
>   que has capturado, tú hombre de gloria!
> ¡Reúne el botín, tú que fuiste valiente!
> ¡Coloca tu mano sobre el cuello de tus enemigos
> y tu pie sobre los montones de los muertos!
> Golpea a través de las naciones, a tus adversarios,
> y deja que tu espada devore la carne del hombre culpable.
> ¡Llena la tierra de gloria,
> y a tus descendientes con bendiciones;
> que haya una multitud de ganado en tus campos,
> plata y oro y piedras preciosas en tus palacios!
> ¡Oh Sión, regocíjate sin medida;
> reluce con gritos resonantes, oh Jerusalén;
> y estad alegres, todas las ciudades de Judá!
> Dejad abiertas todas las puertas,
> porque a través de ellas te traerán la riqueza de las
>   naciones,
> y sus reyes te servirán;
> todos los que te han oprimido te deberán rendir homenaje
> y lamerán el polvo de tus pies.
> ¡Oh hijas de mi pueblo, cantad con voz de resonante
>   alegría;
> cubriros con adornos de gloria y belleza!

La esperanza mesiánica

Sabemos que en ciertas formas de la escatología judía, la victoria final sobre los enemigos de Israel y el establecimiento de un reino de Dios estaba estrechamente asociado con un Mesías. Recordemos que el término «Mesías» significa «el Ungido»; y cualquier que sea así designado desempeña su cargo «por derecho divino» o «por la gracia de Dios». En consecuencia, incluso un monarca pagano como Ciro podía ser designado como el «Mesías» del Dios de Israel (Isaías 45:1) porque había sido levantado para cumplir los propósitos de Dios, y a través de su política y actividades estaba promoviendo enérgicamente dichos propósitos, aunque no fuera consciente de que lo estaba haciendo. Pero este título se otorga preferentemente a los reyes de la dinastía de David, y en tiempos posteriores fue utilizado para designar al esperado gobernante de dicha dinastía que restauraría y superaría las glorias ya desvanecidas de los días imperiales de David.

En una obra muy interesante, que algunos estudiosos actuales están inclinados a asociar bastante estrechamente con el entorno de Qumrán —*Los Testamentos de los Doce Patriarcas*—[37] una parte notable en la victoria y en la restauración de los últimos días queda en manos de un Mesías de la tribu de Leví, que actúa al lado del Mesías davídico (el Mesías de la tribu de Judá) y que de hecho lo ensombrece.

¿Qué luz arrojan los textos de Qumrán sobre las expectativas mesiánicas de la comunidad? ¿Qué papel juega, por ejemplo, la expectativa del «hombre poderoso» que se nombra en el canto de victoria que acabamos de citar? ¿Se le puede identificar con el Mesías?

En la *Regla de la comunidad* se deja bien claro que la comunidad en cuestión debe seguir viviendo bajo su regla

---

[37] Se trata de una obra judía pre-cristiana que nos ha llegado con numerosas interpolaciones cristianas. La opinión más extendida es que en su forma original hablaba sólo de un Mesías levítico, y que las referencias a un Mesías de la tribu de Judá fueron interpolados en una época posterior. Es muy probable que ambos Mesías figuraran en la obra desde el principio. Fragmentos de una versión aramea anterior del *Testamento de Leví* se han encontrado en las Cuevas 1 y 4 de Qumrán.

original «hasta la llegada de un profeta y de los ungidos (Mesías) de Aarón e Israel» (columna 9, línea 11). Éstas eran presumiblemente figuras cuyo advenimiento se esperaba que marcase la época para la que se estaba preparando la comunidad. Más luz arroja sobre estas expectativas el contenido de un documento encontrado en la Cueva 4.

Este corto documento reúne unos pocos pasajes del Antiguo Testamento que forman la base para ciertas expectativas mesiánicas. Empieza con el pasaje en Deuteronomio 18:18-19, en el que Dios dice a Moisés: «Profeta les levantaré de en medio de sus hermanos, como tú». (A este pasaje añaden Deuteronomio 5:28-29). Seguidamente aparece una cita de Números 24:15-17, en la que el profeta mesopotámico Balaam predice la aparición de un conquistador militar en Israel (probablemente el rey David):

Lo veré, mas no ahora;
Lo miraré, mas no de cerca;
Saldrá estrella de Jacob,
Y se levantará cetro de Israel,
Y herirá las sienes de Moab,
Y destruirá a todos los hijos de Set.

A esto le sigue la bendición pronunciada por Moisés sobre la tribu de Leví (la tribu sacerdotal) en Deuteronomio 33:8-11, que empieza con las palabras:

A Leví dijo:
Tu Tumim y tu Urim sean para varón piadoso.

(El Tumim y el Urim formaban el equipo oracular mediante el cual el sumo sacerdote deducía la voluntad divina en los primeros tiempos de Israel.)[38]

La forma en que se unen estas tres citas sugieren que el autor esperaba el advenimiento de un gran profeta, un gran

---

[38] Tras estas tres citas aparece una final procedente de una obra desconocida y que provisionalmente ha recibido el título de *Salmos de Josué*.

capitán y un gran sacerdote. Y esta triple expectativa está con toda seguridad relacionada con las palabras que ya hemos citado de la *Regla de la comunidad.* El profeta esperado es obviamente común en las dos; en cuanto a los «ungidos de Aarón e Israel», se les puede identificar sin duda con las otras dos figuras vislumbradas en la colección de citas bíblicas: el gran sacerdote sería el «Mesías de Aarón» y el gran capitán el «Mesías de Israel» (con toda probabilidad idéntico al Mesías davídico).

En esta conexión es interesante señalar que uno de los nombres con los que la comunidad se describe a sí misma era el de comunidad de Israel y Aarón (es decir, laicos y sacerdotes). Y probablemente esperaban que el Mesías de Israel y el Mesías de Aarón surgieran de sus propias filas.

En dos documentos «zadokitas» —la *Admonición* y las *Leyes*— se hacen numerosas referencias al «Mesías de Aarón e Israel» que se esperaba que surgiera al final de los días. En la actualidad una serie de estudiosos consideran que en el curso de la transmisión el término en singular reemplazó un plural original, para ajustar el lenguaje a la doctrina judía mayoritaria.

El «hombre poderoso» del *Rollo de la Guerra* bien pudiera ser el esperado «Mesías de Israel» en quien la comunidad aparentemente reconocía a la «estrella que saldrá de Jacob» de Balaam; pero junto a él en el *Rollo de la Guerra* se encuentra el sumo sacerdote, que en apariencia es su superior. De igual forma, en una colección de bendiciones descubiertas en la Cueva 1, aparece una bendición al sumo sacerdote y una para el «príncipe de la congregación». Y en otro documento de la misma cueva, titulado el *Rollo de la Congregación,* se ofrece el orden de precedencia para un banquete que parece ser que debería celebrarse en la nueva era. Allí se encuentra el Mesías de Israel, pero ocupa un puesto subordinado al sacerdote. «Que nadie empiece a comer pan o a beber vino antes que el sacerdote, porque es su misión bendecir el primer bocado de pan y de vino y extender sus manos sobre el pan. Después será el Mesías de Israel el que extienda sus manos sobre el pan».[39]

---

[39] Dos o tres líneas antes del inicio de esta cita del *Rollo de la Congregación*

Esto nos recuerda forzosamente la posición subordinada del «príncipe» ante el sacerdocio en el programa para la nueva comunidad que se expone en los nueve capítulos finales del Libro de Ezequiel.

En el antiguo Israel dos magistrados principales eran «mesiánicos» en el sentido de que los hombres ocupaban sus cargos mediante la ceremonia solemne de la unción. Estos eran el sacerdocio y la realeza. El rey de Israel era conocido como «el ungido del Señor», mientras que el sacerdote (más en concreto el sumo sacerdote) también era conocido como «el ungido». A ambos se les aplicaba la designación hebrea *mashiach* (Mesías), que en la Septuaginta, la versión griega del Antiguo Testamento, se traduce como *cristos* (Cristo). Tanto el sacerdote como el rey eran de formas diversas mediadores entre Dios y su pueblo, al igual que el profeta, aunque no era elevado regularmente a su oficio profético mediante la unción. (La orden a Elías en 1 Reyes 19:16 para que unja a Eliseo para que lo sustituya como profeta es excepcional.) Sin embargo, incluso los profetas se podían describir en conjunto como hombres ungidos por Dios, porque actuaban bajo Su mandato, aunque no se hubiera derramado aceite sobre su cabeza. Así, en el Salmo 105:15:

> No toquéis, dijo, a mis ungidos,
> ni hagáis mal a mis profetas.[40]

el paralelismo muestra que «ungidos» (Mesías) y «profetas» son conceptos sinónimos. Y existen un par de pasajes en la *Admonición* zadokita y uno en el *Rollo de la Guerra* en los que la expresión «ungidos» aparece con el significado evidente de «profetas».

En cualquier caso, hemos encontrado un interesante punto de contacto entre Qumrán y el cristianismo; un punto de

---

aparece una frase mutilada que parece contener las palabras: «cuando Dios engendre al Mesías con ellos» (cf. «yo te engendré hoy» en Salmo 2:7).

[40] Las personas a las que se refiere el Salmo 105:15 como «ungidos» y «profetas» son los patriarcas (cf. Génesis 20:7).

contacto que también es un punto de división. La comunidad de Qumrán y los primeros cristianos estaban de acuerdo que en los días del cumplimiento de todo lo que habían dicho los profetas del Antiguo Testamento aparecería un gran profeta, un gran capitán y gobernante, y un sumo sacerdote. Pero estas tres figuras siguieron estando diferenciadas en las expectativas de Qumrán, mientras que los primeros cristianos las vieron unificadas en la persona de Cristo. La triple función de Cristo como Profeta, Sacerdote y Rey, una concepción bien establecida en la teología cristiana tradicional, se encuentra implícita en varios de los pasajes más antiguos de las enseñanzas del Nuevo Testamento.

Sin embargo, vale la pena analizar los tres pasajes citados en la hoja de la Cueva 4 a la luz de la interpretación del Antiguo Testamento por parte de los primeros cristianos.

La primera cita, el pasaje sobre el profeta al que Dios levantará como levantó a Moisés, se cita muchas veces en el Nuevo Testamento. Según Juan 1:21, una delegación que llegó de Jerusalén para entrevistar a Juan el Bautista durante su ministerio bautismal en el valle del Jordán le preguntó si pretendía ser una u otra de las diversas figuras que se esperaba que se levantasen en Israel en la época del cumplimiento. ¿Era el Mesías? ¿Era Elías (que se esperaba que regresara a la tierra poco antes de la aparición del Mesías)?[41] Pero cuando les aseguró que no era el Mesías ni Elías, le preguntaron: «¿Eres tú el profeta?» Y él respondió: «No». No necesitó preguntar: «¿Qué profeta?» Sabía perfectamente a qué profeta se referían: al profeta del que habló Moisés en Deuteronomio 18:15 y ss.

El mismo evangelista nos explica que cuando Jesús hubo alimentado a la multitud con panes y peces junto al mar de Galilea, la gente dijo: «Este verdaderamente es el profeta que había de venir al mundo». Relacionaron el alimento que Jesús les acababa de dar con el maná que sus antepasados habían comido en el desierto en los días de Moisés: seguramente este debe ser el nuevo profeta, ¡el segundo Moisés! En otro lugar, cuando tres de los discípulos de Jesús tuvieron la visión de

---

[41] Véase p. 145.

Jesús en la gloria junto con Moisés y Elías, sobre el monte de la transfiguración, escucharon una voz celestial que les indicaba que centraran su atención en Jesús: «Este es mi hijo amado, a él oíd». Estas palabras, «a él oíd», se hacen eco de las palabras de Moisés en Deuteronomio 18:15 («Profeta de en medio de ti, de tus hermanos, como yo, te levantará Jehová tu Dios, *a él oiréis*») y señalan a Jesús como al profeta que Moisés tenía en mente.

Esta identificación de Jesús con el profeta parecido a Moisés encuentra una expresión aún más explícita en los primeros capítulos del Libro de Hechos: una vez, en Hechos 3:22, donde Pedro, en el patio del templo de Jerusalén, cita las palabras de Moisés en Deuteronomio 18 y las refiere a Jesús, otra vez en Hechos 7:37, donde Esteban, sometido a juicio ante el Sanedrín y con peligro de su vida, cita las mismas palabras como una predicción de Jesús.

La profecía de Balaam sobre la estrella que surgirá de Jacob era una de las favoritas de la comunidad de Qumrán. No sólo aparece en la hoja de la Cueva 4, sino también en dos de los documentos importantes de la comunidad. En la *Admonición* zadokita (columna 7, líneas 19 y ss.) la «estrella» y el «cetro» (que en el oráculo original son diferentes símbolos de una sola figura) quedan disociados: la «estrella» es «el Expositor de la Ley» (a veces identificado con el Maestro de Justicia),[42] pero el «cetro» es «el príncipe de toda la congregación», es decir, un jefe militar. La profecía también es interpretada en el sentido del jefe militar en el *Rollo de la Guerra* (columna 11, línea 6), en el curso de un himno de acción de gracias a Dios: «Tuya es la guerra; de ti procede la fuerza; no es nuestra; no es nuestra fuerza o el poder de nuestras manos que ha actuado con valentía, sino por tu poder y por la fuerza de tu gran valor,

---

[42] El «Expositor de la Ley» es muy probablemente el sucesor del Maestro de Justicia como director de la comunidad, que dirigió la emigración temporal a Damasco. En otro punto de la *Admonición* (columna 6, línea 7) el «báculo» de Números 21:18 es interpretado como el Expositor de la Ley. En un comentario de Isaías encontrado en la Cueva 4, el título se otorga a una figura escatológica, contemporánea del Mesías davídico.

aunque tú nos lo has hecho saber desde antiguo, diciendo: "Saldrá estrella de Jacob, y un líder de Israel"». Aquí la conquista predicha en el oráculo se identifica con la esperada victoria sobre los kitti'im y otros hijos de la oscuridad.

El pasaje de Números 24:17 no figura entre las profecías mesiánicas que se aplican a Jesús en el Nuevo Testamento (excepto una remota alusión a ella en el título de «la estrella resplandeciente» en Apocalipsis 22:16). Pero pronto fue adoptado por los cristianos como una de las escrituras que daban testimonio de Él. Así, el apologista y filósofo cristiano Justino Mártir, en su *Diálogo con Trifón el Judío* (capítulos 106) dice: «Y que Él [Jesús] se debía levantar como una estrella de la semilla de Abraham, ya lo profetizó Moisés cuando dijo: " Saldrá estrella de Jacob y un líder de Israel".» La cita que hace Justino de estas palabras fue la más significativa de su época (*ca.* 135 d.C.), porque Trifón había podido escapar en el último momento de la desastrosa lucha en Palestina que siguió al reconocimiento del Rabí Aqiba del pretendiente mesiánico Simeón Ben-Kosebah como la «estrella que saldrá de Jacob» (de ahí su nuevo patronímico Bar-Kojba).[43] Así Números 24:17 era interpretado, en lo que se refiere al Mesías, como un líder en la corriente principal de la tradición judía, así como por los miembros de Qumrán y por los cristianos.

Sin embargo, aunque los autores del Nuevo Testamento no invocaron el oráculo de Balaam como una profecía que hubiera cumplido Jesús, le aplicaron otros pasajes del Antiguo Testamento que describían de forma similar un conquistador poderoso. Sobre todos ellos destacan los Salmos 2 y 110. En el primero de ellos el rey davídico, el ungido del Señor, dice:

Yo publicaré el decreto;
Jehová me ha dicho: Mi hijo eres tú;
yo te engendré hoy.
Pídeme y te daré por herencia las naciones,
y como posesión tuya los confines de la tierra.
Los quebrantarás con vara de hierro;

---

[43] Véase pp. 9, 55 y ss.

como vasija de alfarero los desmenuzarás.

En el segundo el salmista se dirige al rey de la siguiente forma:

El Señor está a tu diestra;
quebrantará a los reyes en el día de su ira.
Juzgará entre las naciones,
las llenará de cadáveres;
quebrantará las cabezas en muchas tierras.[44]

Dichos pasajes se podían aplicar casi literalmente en los documentos de Qumrán al valiente héroe que dirigiría a los fieles hacia la victoria en la guerra contra los hijos de las tinieblas; que los primeros cristianos los pudieran aplicar a Jesús muestra con qué extensión (bajo Su influencia, por supuesto) habían cambiado su significado militar. Después de todo, los pacifistas cristianos más convencidos de nuestros días cantan con igual alegría himnos como *¡Adelante! Soldados cristianos, librad el buen combate,* porque la guerra a la que se refieren estas palabras se libra contra enemigos espirituales. Nos podríamos preguntar como si fuera un juego lo que pensaría un arqueólogo de dentro de dos mil años de un fragmento del himnario de Sankey* cuando descubriese que el primer himno de la colección comienza con las siguientes palabras:

¡Oh camaradas! ¡Mirad la señal
ondeando en el cielo!
Ahora llegan los refuerzos;
¡la victoria está cerca!

---

[44] Estas palabras en particular del Salmo 110 no se citan en el Nuevo Testamento, pero el sacerdote-rey a las que se dirigen se identifica repetidas veces con el Mesías cristiano (cf. Marcos 12:36, Hechos 2:34 y ss; 1 Corintios 15:25; Hebreos 1:13, 5:6, etc.)

* Se refiere al himnario de Ira D. Sankey *Sacred Songs and Solos,* que es una de las recopilaciones clásicas del protestantismo británico. *(N. del T.)*

Podemos imaginar que errores tan ridículos podría llegar a cometer; pero, ¿estamos cometiendo nosotros errores igualmente ridículos en nuestra interpretación del *Rollo de la Guerra* de Qumrán? Es probable que no, porque el *Rollo de la Guerra* es en su mayor parte prosa, no poesía, y el lenguaje militar parece más directo y circunstancial que alegórico.

En cuanto al pasaje de Deuteronomio 33 que nuestro documento de la Cueva 4 cita como predicción de un Mesías sacerdotal, ni ésta ni cualquier otra mención del Antiguo Testamento al sacerdocio levítico se aplica a nuestro Señor en el Nuevo Testamento. La razón no hay que buscarla muy lejos, pues uno de los autores del Nuevo Testamento lo expresa sucintamente cuando dice: «Porque manifiesto es que nuestro Señor vino de la tribu de Judá, de la cual nada habló Moisés tocante al sacerdocio» (Hebreos 7:14). No se le podía enaltecer como «Mesías de Aarón». Nadie en los tiempos apostólicos, hasta donde hemos podido investigar, Le adscribe una herencia sacerdotal basándose en que Su madre estaba emparentada con la madre de Juan el Bautista, que era «de las hijas de Aarón» (Lucas 1:5), aunque este argumento salió a relucir en una época más tardía. Aún así existen algunas evidencias de que ciertos judeocristianos negaban la legitimidad del sacerdocio de Jerusalén y consideraban a Jacobo el Justo y a los otros miembros de la sagrada familia como los verdaderos sumos sacerdotes de la nueva Israel; pero esto no se basaba en ninguna pretensión de descendencia aarónica sino en su relación con Jesús. Pero cuando el Nuevo Testamento otorga un rango sacerdotal a Jesús, lo hace sobre bases completamente diferentes. El autor de la Epístola a los Hebreos encuentra la autoridad del Antiguo Testamento para la vertiente sacerdotal de la obra mesiánica de Jesús en el Salmo 110:4, donde un príncipe de la casa de David es elevado por Dios como «sacerdote para siempre según el orden de Melquisedec». Existía una profunda justificación histórica para otorgar un sacerdocio de este tipo al Mesías davídico, porque es extremadamente probable que después de que David capturase Jerusalén, él y sus sucesores se viesen como herederos de una antiguo sacerdocio real ejercido por Melquisedec y otros gobernantes pre-israelitas de dicha ciudad. El autor de Hebreos no se fundamenta en esta base histórica para su argumentación (quizá no estaba demasiado interesado en ella), sino que al desarrollar la doctrina del sacerdocio perpetuo de Jesús en función del retrato de Melquisedec que hace el Antiguo Testamento, otorga a la Iglesia cristiana su exposición clásica sobre esta fase de la dignidad y el servicio mesiánicos de nuestro Señor.

En consecuencia, la comunidad de Qumrán sostenía esta doctrina mesiánica. Un punto en el que se diferencia de la doctrina mesiánica del Nuevo Testamente, como ya hemos dicho, es que su expectativa de tres personajes distintos al final de los tiempos, mientras que el Mesías cristiano era Profeta, Sacerdote y Rey en uno. Pero existe una diferencia mucho más importante que esa. Existe el peligro constante de confusión cuando utilizamos el concepto «Mesías», porque en la tradición cristiana nuestras ideas sobre lo que significa vienen determinadas por la vida y la obra de Jesús. Pero en realidad Su vida y Su obra han cambiado radicalmente el significado del término. No hay duda de que, a causa del significado popular que se le atribuía entre las personas en que se movía, el propio Jesús no hizo uso de él, excepto en raras y excepcionales ocasiones. Sus oyentes habrían caído en el error si Él lo hubiera utilizado. Él se sabía el Mesías designado desde el momento de Su bautismo, si no antes. Pero desde ese mismo momento, si no antes, Él también sabía que Su mesianismo se debía cumplir en los términos de obediencia y sufrimiento del Siervo del Señor. Las figuras mesiánicas que encontramos en los documentos de Qumrán no alcanzan su destino de esta manera. Además existía una interpretación más conmovedora de los Cantos del Siervo aceptados por la comunidad de Qumrán, pero parece que no influyeron en la forma en que habían vislumbrado las grandes figuras mesiánicas del final de los tiempos. Pero todas las fases del ministerio mesiánico de nuestro Señor reciben su cualidad distintiva de la figura histórica del Hijo del Hombre, que no vino a ser servido por otros, sino a ser Él mismo Siervo, y a dar Su vida en rescate de muchos.

Capítulo VIII

EL MAESTRO DE JUSTICIA Y SUS
ENEMIGOS

Un esquema tan completo de interpretación bíblica como el que seguía la comunidad de Qumrán no es probable que surgiera por accidente. Presenta la impronta de una mente original, y se nos dice claramente a quién correspondía.

La *Admonición* zadokita explica como un remanente fiel del pueblo de Israel, probablemente en el siglo II antes de Cristo, se dio cuenta de que estaba envuelto en la apostasía nacional generalizada, y decidió renovar el antiguo pacto con el Dios de sus padres. Pero durante algún tiempo no supieron con certeza qué forma de vida debían adoptar para mantener su lealtad al pacto. Sin embargo, después de veinte años, Dios elevó al «Maestro de Justicia» que les enseñó cual era la verdadera forma de vida. No sólo eso, sino que este Maestro de Justicia recibió una visión especial de los propósitos de Dios, de manera que era capaz de conocer hasta la «última generación» lo que Dios iba a cumplir en la «última generación». Y para el Maestro de Justicia resultaba evidente que su comunidad merecía su interpretación diferenciada de la profecía del Antiguo Testamento, así como su organización en campamentos como un Israel en miniatura atravesando el desierto, su rigurosa disciplina y sus esperanzas en la pronto llegada del día del Señor.

Con esto está de acuerdo la mayor parte de lo que se dice sobre el Maestro de Justicia en el comentario de Habacuc encontrado en la Cueva 1. Como hemos visto, el comentarista dirige las advertencias de juicio en la profecía de Habacuc contra aquellos que se niegan a creer «lo que el Maestro de Justicia les ha dicho por boca de Dios». Y cuando el comentarista prosigue denunciando a los que han roto el pacto «que no creerán cuando se les diga que está llegando la última generación, de boca del sacerdote en cuyo corazón Dios ha puesto sabiduría para interpretar todas las palabras de Sus siervos los profetas a través de los cuales Él ha profetizado lo que le iba a ocurrir a Su pueblo y a Su tierra», naturalmente identificamos como el «sacerdote» al Maestro de Justicia en persona o a alguien que perpetúa su interpretación de las Escrituras después de su muerte (en cuyo caso el «sacerdote» podría ser el mismo comentarista).

En Habacuc 2:1-2 el profeta describe como, en su perplejidad para comprender los propósitos de Dios, se decide esperar la iluminación que llegará cuando se despliegue el propósito de Dios en la historia, y recibe de nuevo la seguridad de Dios de que la vindicación final de la justicia no va a tardar demasiado. «Sobre mi guarda estaré, y sobre la fortaleza afirmaré el pie, y velaré para ver lo que se me dirá, y qué he de responder tocante a mi queja. Y Jehová me respondió y dijo: Escribe la visión y declárala en tablas, para que corra el que leyere en ella.» La interpretación del comentarista a este pasaje es la siguiente:

> Dios le dice a Habacuc que escriba las cosas que le van a ocurrir a la última generación, pero no le deja saber cuándo será el momento de cumplimiento del día prometido. Y con respecto a las palabras, «para que corra el que leyere en ella», su interpretación se refiere al Maestro de Justicia, a quien Dios hizo conocer todos los misterios de las palabras de Sus siervos los profetas.

Es decir, se permitió que Habacuc previera lo que iba a ocurrir en los tiempos finales, pero no se le dijo cuándo llegaría el final de los tiempos. Pero cuando surgió el Maestro de Justicia, Dios le reveló que el final de los tiempos estaba cerca, y le mostró como las predicciones de Habacuc y de los demás profetas se estaban a punto de cumplir. Porque creían que todos los profetas habían hablado del final de los tiempos más que de su propia época. Si Isaías, por ejemplo, anunciaba la derrota de los enemigos del pueblo de Dios con las palabras,

«Entonces caerá Asiria por espada no de varón, y la consumirá espada no de hombre» (Isaías 31:8), no se estaba refiriendo tanto a la derrota del ejército de Senaquerib en su propia época (701 a.C.) como a la derrota de los kitti'im a manos de los hijos de la luz al final de los tiempos. De hecho, las palabras que utilizó Pedro durante los acontecimientos fundacionales del cristianismo también las podrían haber utilizado los exegetas de Qumrán para expresar sus propias creencias: «Moisés... y todos los profetas desde Samuel en adelante, cuantos han hablado, también han anunciado estos días» (Hechos 3:22, 24)

En consecuencia, ¿quién era este Maestro de Justicia cuya interpretación original y creativa de las Escrituras hebreas tanto influyó en el pensamiento y en la vida de la comunidad que lo reverenciaba como líder?

En la actualidad no se le puede identificar con seguridad con ninguna figura histórica que conozcamos por otras fuentes. Sin embargo, podemos reunir las piezas de información sobre él aportadas por los textos que lo mencionan, para obtener una impresión clara del tipo de hombre que era.

Ya hemos visto que en la creencia de sus seguidores, había sido iniciado en los misterios de los planes divinos y se le había permitido comprender la verdadera interpretación de los antiguos profetas.[45] En consecuencia, lo que había aprendido de Dios, lo impartía a sus discípulos. En un comentario fragmentario al Libro de Miqueas encontrado en la Cueva 1, el Maestro de Justicia es descrito como «el que enseña la ley a su pueblo y a todos aquellos que se ofrecen a incorporarse al pueblo elegido por Dios, practicando la ley en el consejo de la comunidad, que será salvada del día del juicio». En otras palabras, sus discípulos no sólo lo escuchaban para recibir instrucción, sino que daban pasos prácticos para actuar según sus enseñanzas, y creían que al hacerlo serían liberados cuando llegase el día del juicio, que se iba acercando. De hecho, las bien conocidas palabras de «el justo por su fe vivirá» (Habacuc 2:4) se interpretan en el comentario de Qumrán a

---

[45] Algunos de los *Himnos de acción de gracias* de Qumrán parecen describir en primera persona experiencias religiosas del Maestro.

Habacuc en referencia a «todos los que cumplen la ley en la casa de Judá, a los que Dios liberará de la casa del juicio (es decir, los justificará) a causa de sus trabajos y su fe en el Maestro de Justicia». De forma similar, al final de la *Admonición* zadokita, se hace la promesa de que «todos los que se mantienen fieles a estas reglas, que salgan y que entren de acuerdo con la ley, y que escuchen la voz del Maestro y que confiesen ante Dios diciendo: "Verdaderamente hemos actuado con maldad, nosotros y nuestros padres, al caminar en contra de los mandatos del pacto; justo y verdadero es tu juicio contra nosotros"; los que no actúan con arrogancia contra Sus santos mandamientos, juicios justos y testimonios verdaderos; los que aprenden de los juicios anteriores con los que fueron juzgados los hombres de la comunidad; los que escuchan la voz del Maestro de Justicia y no repudian los mandamientos de justicia cuando los escuchan; todos ellos estarán alegres y contentos, y sus corazones serán fuertes, y ganarán el dominio sobre todos los hijos del mundo, y Dios será propicio para ellos, y verán Su salvación, porque han depositado su confianza en Su santo nombre.»

Por otro lado, se creía que aquellos que no cumplían las palabras del Maestro de Justicia habían perdido toda esperanza de salvación.

La aparición del Maestro de Justicia se tomaba como una señal de que había llegado la última fase de la época actual. No era el Mesías, pero su actividad significaba que los tiempos mesiánicos no podían tardar mucho. Un intervalo sin especificar separaría la «recogida» (es decir, la muerte) del Maestro de «la aparición de un Mesías de Aarón y de Israel», según la *Admonición* zadokita. Pudiera ser que la palabra «Mesías» apareciera originalmente en plural en este texto; pero en cualquier caso, el Maestro jugaba más un papel de precursor, «para disponer para el Señor un pueblo preparado», que de Mesías. El intervalo sin especificar que separaba su «recogida» de la aparición del personaje o de los personajes mesiánicos, según algunas referencias, podría ser de cuarenta años; al menos unas pocas líneas más adelante se nos dice en la *Admonición* que «desde el día en el que el único Maestro fue recogido hasta la destrucción de todos los hombres de guerra que regresaron con el hombre de la mentira pasarán unos cuarenta años».[46] La identificación de «los hombres de guerra que regresaron con el hombre de la mentira» es un tema totalmente especulativo, pero probablemente su destrucción se esperaba que fuera uno de los acontecimientos que tuviera lugar en la víspera de la aparición mesiánica. Es posible que los discípulos del Maestro esperaran que se levantase de los muertos al final de este intervalo, y reemprendiese su ministerio de enseñanza aclarando todos los problemas de interpretación legal que hasta ese momento había dejado sin resolver (En la corriente principal de las creencias judías este papel estaba reservado a Elías, que se esperaba que regresase al final de los tiempos como precursor del Mesías.) Pero no existe ninguna sugerencia de que al Maestro se le otorgase categoría mesiánica, ni siquiera tras su resurrección de entre los muertos.

¿Podemos decir algo sobre el momento en que floreció el Maestro? Si podemos identificar algunos de sus contemporáneos que se mencionan en el comentario de Habacuc, podremos otorgarle unas fechas aproximadas; pero debemos reconocer la tentadora vaguedad con la que se mencionan estos contemporáneos.

De estos contemporáneos uno es descrito repetidamente como el Sacerdote Impío, un adversario implacable del Maestro de Justicia. Se produjo una ocasión excepcional en la que el Sacerdote Impío mostró su hostilidad: ocurrió cuando «persiguió al Maestro de Justicia hasta su lugar de exilio, para engullirlo con su furia ardiente, y con ocasión de la temporada de descanso señalada, se abalanzó sobre ellos para engullirlos a todos y para que flaqueasen en el día de ayuno, su sabbath de descanso». Esta alusión se puede comprender con mayor

---

[46] La expresión «hombres de guerra» tiene probablemente un sentido figurativo (prestado de Deuteronomio 2:14) y no es necesario que haga referencia a soldados; es posible que se refiera a aquellos fariseos que partieron al exilio en el reinado de Alejandro Janeo y regresaron tras la ascensión al trono de Salomé Alejandra.

facilidad si tenemos en mente que el Maestro y sus seguidores parece que observaban un calendario religioso diferente al que regulaba el año sagrado en el templo de Jerusalén. En consecuencia, si tenemos esto en cuenta, en la referida ocasión, el Maestro y su comunidad estaban guardando el Gran Día de Expiación en su retiro en el desierto de acuerdo con su propia fijación del día, cuando el Sacerdote Impío, para el que se trataba de un día ordinario, invadió su lugar de reunión para que cayeran en la confusión y pecaran al obligarles a realizar actos que no se debían hacer en un «sabbath de descanso».[47]

Pero el Sacerdote Impío se vio finalmente asaltado por la convicción de un destino terrible, en el que la comunidad vio la mano de la justicia divina. «Por el mal hecho al Maestro de Justicia y a los hombres de su consejo, Dios lo entregó en manos de sus enemigos, para que lo afligieran con golpes, para que se perdiera en la amargura de su alma, porque había actuado con maldad contra Sus elegidos.» En esto ve el comentarista el cumplimiento de las palabras del profeta: «¿No se levantarán de repente tus deudores, y se despertarán los que te harán temblar?» (Habacuc 2:7). Pero le da a estas palabras un sentido algo diferente: « ¿No se levantarán de repente los que te muerdan, y se despertarán los que te atormenten?» Entonces dice: «La interpretación de esto se refiere al sacerdote que se

---

[47] El año judío, según el calendario tradicional (que sobrevive para fines religiosos hasta la actualidad), consiste en doce meses que alternativamente tienen treinta y veintinueve días (correspondiendo al curso de la Luna alrededor de la Tierra, que se cumple en aproximadamente veintinueve días y medio). Esto produce 354 días al año; la diferencia aproximada de once días y cuarto necesarios para ajustarse al año solar los proporciona la inclusión de un decimotercer mes cada pocos años. Pero la comunidad de Qumrán probablemente utilizaba el calendario propuesto en el *Libro de los Jubileos* en el que el año consiste en 364 días (exactamente cincuenta y dos semanas), con doce meses de treinta días cada uno y un día extra añadido cada trimestre. Los saduceos y los fariseos no estaban de acuerdo sobre la fecha de ciertas festividades, pero aceptaban el mismo calendario general; los fieles de Qumrán diferían radicalmente de ambos. En el calendario de Qumrán una festividad caía cada año en el mismo día de la semana.

rebeló y transgredió los mandamientos de Dios... por eso lo cubrieron con juicios de maldad, e hicieron caer sobre él los horrores de las enfermedades ulcerosas, y venganza sobre su cuerpo de carne.»

Incluso podríamos llegar a cuestionar si debemos identificar sin más «al sacerdote que se rebeló y transgredió los mandamientos de Dios» con el hombre que en otros lugares es llamado el Sacerdote Impío, pero en su conjunto la identificación parece lo suficientemente probable.

El Sacerdote Impío no había sido siempre tan claramente malvado (a ojos de nuestro comentarista y de sus colegas) como resultó ser más tarde. «Fue llamado de acuerdo con el nombre de la verdad cuando apareció, pero cuando gobernó sobre Israel su corazón se enalteció, no tuvo en cuenta a Dios y traicionó los mandamientos por amor a las riquezas. Saqueó y atesoró las riquezas de los hombres violentos que se rebelaron contra Dios; y tomó las riquezas de las naciones, haciendo recaer sobre él mayor iniquidad y culpa, y actuó de manera abominable, con todo tipo de impurezas profanadoras.» Esto se amplía en el comentario a Habacuc 2:16, 17. En el versículo 16 se refiere a «el sacerdote cuya vergüenza era mayor que su gloria, porque no circuncidó su corazón sino que anduvo por el camino de la bebida para saciar su sed. Pero la copa de la cólera de Dios lo aplastará, trayendo sobre él más vergüenza e ignominia». El versículo siguiente (17) recibía aparentemente la siguiente lectura por parte del comentarista: «Porque la rapiña del Líbano caerá sobre ti, y la destrucción de las fieras te quebrantará a causa de la sangre de los hombres, y del robo de la tierra, de las ciudades y de todos los que en ellas habitaban». Porque así es como lo explicaba: «La interpretación de este pasaje se refiere al Sacerdote Impío, para pagarle su recompensa de la misma forma que él recompensó a los pobres. Porque el *Líbano* es el consejo de la comunidad, y las *fieras* son los sencillos de Judá, los cumplidores de la ley. Dios lo condenará a la destrucción, aunque maquine para destruir a los pobres. Y con respecto a las palabras, *a causa de la sangre de una ciudad y el robo de la tierra*, la *ciudad* se debe interpretar como Jerusalén, en la que el Sacerdote Impío realizó tareas abominables y profanó el santuario de Dios; y *el robo de la tierra* se refiere a las ciudades de Judá, en las que saqueó la riqueza de los pobres.»

Así, el Sacerdote Impío ni siquiera respetó a los pobres en sus ansias de riqueza. Pero el comentarista está pensando en una clase especial de pobres: su propia comunidad. Porque los miembros de la comunidad de Qumrán solían hablar de ellos mismos como «los pobres», tomando el nombre de varios pasajes del Antiguo Testamento en los que «pobre» y «piadoso» son prácticamente sinónimos. En consecuencia, podría ser que una de las formas de persecución que tuvieron que sufrir el Maestro de Justicia y sus seguidores a manos del Sacerdote Impío fuera la confiscación de sus propiedades.

Pero todos estos tesoros mal ganadas no traerán nada buena para aquellos que pongan sus manos sobre ellos. El profeta había dicho: «Por cuanto tú has despojado a muchas naciones, todos los otros pueblos te despojarán» (Habacuc 2:8). Y esto, según el comentarista, se refiere a «los últimos sacerdotes de Jerusalén, que atesoraron riquezas y ganancias injustas procedente del saqueo de los pueblos, pero en los últimos días su riquezas, junto con los saqueos, caerán en manos del ejército de los kitti'im, porque ellos son *el remanente de los pueblos*».

Hemos citado con cierto detalle estas referencias al Sacerdote Impío porque nos ayudarán a llegar a algunas conclusiones sobre su lugar en la historia. Como el sacerdocio de Jerusalén, en cualquier capacidad oficial y ejecutiva, llegó a su fin con la destrucción del templo en 70 d.C., evidentemente tenemos que pensar en él como que actuaba antes de esa fecha. Como se dice que «gobernó en Israel»[48] es posible que podamos pensar en él como miembro de la dinastía asmodea de sacerdotes-reyes, que gobernaron Judea durante unos ochenta años antes de la conquista romana en 63 a.C. En ese caso, existe una figura que tiene todas las posibilidades de ser considerado el Sacerdote Impío. Se trata de Alejandro Janeo,

---

[48] Sin embargo, hay que recordar que se puede decir de cualquier sumo sacerdote que «gobernó en Israel», porque desde el regreso del exilio todo sumo sacerdote era *ex officio* cabeza del estado judío.

que se convirtió en rey y sumo sacerdote de los judíos en 103 a.C., y se mantuvo en el cargo hasta 76 a.C. Fue un notable perseguidor de ciertos grupos piadosos en Judea, en especial de aquellos que consideraban irregulares su sumo sacerdocio o sus procedimientos rituales; además, era un aventurero militar con un deseo insaciable de conquistas, y en el transcurso de sus campañas redujo muchas ciudades gentiles en la costa de Palestina y en Cisjordania, y las incorporó a su reino, enriqueciéndose con su saqueo. Cuando murió, su viuda, Salomé Alejandra, le sucedió en la soberanía civil, y su hijo mayor, Hircano II, se convirtió en sumo sacerdote. Los años que siguieron a la muerte de Salomé Alejandra en 67 a.C. estuvieron marcados por una guerra civil entre los partidarios de Hircano y los de su ambicioso hermano menor, Aristóbulo II; pero en 63 a.C. intervinieron los romanos y no sólo impusieron la paz a las facciones en conflicto, sino que recaudaron un pesado tributo del estado judío. Esto se podría ver al fin como el principio del cumplimiento de las predicciones del comentarista de que la riqueza y el saqueo de los últimos sacerdotes de Jerusalén caería en manos del ejército de los kitti'im.

Se podría argumentar en contra de la identificación de Alejandro Janeo con el Sacerdote Impío que no encontró la muerte a manos de sus enemigos, y que no infligieron tormentos «sobre su cuerpo de carne». Debemos recodar que las comunidades perseguidas tienen cierta tendencia a exagerar los tormentos sufridos por sus perseguidores y a adscribirlos a la ira vengadora de los cielos. Pero Alejandro Janeo sufrió en más de una ocasión derrotas terribles a manos de sus enemigos. En 100 a.C. aniquilaron a su ejército y casi perdió el reino a manos de los egipcios; en 94 a.C. otro de sus ejércitos fue emboscado y casi aniquilado por árabes de Cisjordania y él pudo escapar solo para salvar su vida; a esto siguió una revuelta por parte de muchos de sus súbditos judíos en la que fue nuevamente derrotado y se vio forzado a buscar refugio en las montañas (88 a.C.). Pero, ¿qué ocurre con «los juicios por su maldad», «los horrores de las enfermedades ulcerosas» y la «venganza sobre su cuerpo de carne» que cayeron sobre él? El comentarista (por lo que podemos deducir) no dice que éstas fueran torturas infligidas sobre él por enemigos humanos en cuyas manos hubiera podido caer. Pero los últimos años de su vida estuvieron marcados por un doloroso padecimiento del cuerpo —unas fiebres cuartanas, explica Josefo— y cuando el comentarista dice del Sacerdote Impío que «ellos» hicieron caer sobre él los juicios por su maldad, los horrores de las enfermedades ulcerosas y la venganza sobre su cuerpo de carne, resulta lógico deducir que «ellos», de acuerdo con un bien conocido modismo hebreo, se refiera a ejecutores sobrenaturales del juicio divino.[49] Además, Josefo nos cuenta que la enfermedad de Alejandro fue la consecuencia de beber mucho; y esto encaja con la afirmación del comentarista de que el Sacerdote Impío «anduvo por el camino de la bebida para saciar su sed».

Si la secesión de la comunidad de Qumrán se puede fechar en el reinado de Alejandro, se podría enmarcar en el contexto de otras disputas que mantuvo este rey contra de muchos de sus súbditos.

Una historia relata como durante la Fiesta de los Tabernáculos, en la que estaba oficiando como sumo sacerdote, alteró la ceremonia de las libaciones por su desprecio deliberado a lo que el pueblo consideraba el ritual adecuado, de manera que los espectadores le lanzaron limones (que tenía en las manos como parte de los requisitos para la ocasión). En su furia envió a los soldados y muchos fieles fueron asesinados.[50]

Fue durante su reinó cuando se abrió definitivamente la brecha entre su dinastía y los fariseos; y las circunstancias que molestaron tanto a los fariseos, sin duda molestaron también a los discípulos del Maestro de Justicia. Ecos de la amargura del conflicto entre Alejandro y los fariseos se pueden rastrear en diversos lugares a lo largo de la literatura rabínica de épocas

---

[49] Un buen ejemplo de este modismo aparecen en la parábola de nuestro Señor sobre el rico insensato (Lucas 12:16-21); el mensaje divino para él dice literalmente: «Necio, esta noche *ellos* vienen a pedirte tu alma…»

[50] Esta es la historia reconstruida mediante la unión de un incidente narrado por Josefo en sus *Antigüedades* (XIII. 13. 5) y otro preservado en el tratado *Sukkah* del Talmud babilonio (48b).

posteriores: se realizan numerosas referencia en esta literatura a la época «cuando el rey Janeo dio muerte a los rabíes».

El Talmud[51] ha preservado la memoria de una fiesta en celebración de una campaña victoriosa en Cisjordania, a la que el rey invitó a todos los hombres sabios de Israel. A esta fiesta «asistió un hombre frívolo, de mal corazón y sin valor, llamado Eleazar Ben-Po'irah», que le dijo al rey que el corazón de los fariseos no sentía afecto hacia él. Para probar su acusación, presionó al rey para que luciera su turbante de sumo sacerdote, con su placa de oro que llevaba la inscripción: «Santo es el Señor». Era obligatorio entre los presentes levantarse en señal de reverencia cuando el sumo sacerdote se colocaba la mitra. Pero uno de los sabios presentes (de nombre Judá Ben-Gedidah) exhortó al rey a que se contentase con la corona real, y que dejase la corona sacerdotal a la semilla de Aarón. En esta exhortación estaba implícito un insulto que ya había perseguido al padre de Alejandro, Juan Hircano, por parte de los fariseos. Porque algunos decían que la legitimidad del nacimiento de Juan estaba en duda porque si madre, la esposa de Simón Macabeo, había sido durante algún tiempo prisionera de guerra en manos de las autoridades seléucidas. En consecuencia, dudaban que Juan fuera realmente hijo de Simón y consecuentemente heredero de la semilla sacerdotal de Aarón. Sin embargo, la legitimidad de Juan fue reivindicada después de una investigación judicial, pero algunos de los sabios no quedaron satisfechos, y ahora se volvía a plantear la cuestión por medio de una objeción al ejercicio del sumo sacerdocio por parte de su hijo Alejandro. Parece ser que los demás sabios presentes en la fiesta mantuvieron un discreto silencio mientras su compañero hablaba de forma tan poco diplomática. Pero el rey preguntó a Eleazar Ben-Po'irah que tratamiento se merecían, y Eleazar contestó: «si queréis seguir mi consejo, aplastadlos». En consecuencia, según la narración talmúdica, todos los sabios de Israel fueron masacrados, excepto Simeón Ben-Shetach (hermano de la reina Salomé Alejandra) que fue escondido por su hermana y restauró la ley sagrada en su

---

[51] En el tratado *Qiddushin* (66a).

anterior gloria tras la muerte de Alejandro.

El Maestro de Justicia y sus discípulos no eran fariseos en el sentido habitual del término. Su interpretación de la ley y su disciplina eran más severas que la de los fariseos, pero podemos estar seguros que cualquier objeción que tuvieron los fariseos hacia el ejercicio del sumo sacerdocio por parte de los asmodeos sería sentida con mayor fuerza y expresada con mayor vigor por los hombres de Qumrán. En la narración talmúdica se puede ver claramente un elemento de leyenda, y confunde dos o tres incidentes diferentes. Pero contiene un núcleo histórico real, y es posible que el retiro del Maestro al desierto de Judá con sus seguidores estuviera conectado con el ataque de Alejandro a los rabíes.

Incluso se puede jugar con la idea de relacionar la fiesta celebrada por Alejandro para los rabíes con la ocasión mencionada por el comentarista de Habacuc en su nota sobre Habacuc 1:13 (« ¿por qué ves a los menospreciadores callas cuando destruye el impío al más justo que él?»). «La interpretación de esto», dice el comentarista, «se refiere a la casa de Absalón y a los hombres de su consejo que guardaron silencio cuando el Maestro de Justicia fue rechazado y no acudieron en su ayuda contra el Hombre de la Mentira, que rechazó la ley en medio de toda la congregación.»

¿Era Judá Ben-Gedidah el Maestro de Justicia?[52] Uno no se atreve a expresar la idea más que en forma de pregunta, porque no se sabe nada de Judá que pueda justificar una expresión más positiva de esta opinión.

¿Y quién es el Hombre de la Mentira? Es concebible que fuera el mismo Sacerdote Impío o algún otro, como Eleazar Ben-Po'irah, que le ayudó y le animó. Pero por otras alusiones en los escritos zadokitas y de Qumrán parece que era el líder de un movimiento religioso rival, que (a ojos del Maestro de Justicia y de sus seguidores) «conducía a los sencillos a la

---

[52] Esta identificación fue sugerida por W.H. Brownlee en un artículo, «The Historical Allusions of the Dead Sea Habakkuk Midrash» [«Las alusiones históricas en el comentario a Habacuc del mar Muerto»] en el *Bulletin of the American Schools of Oriental Research*, n° 126 (abril de 1952), pp. 10 y ss.

perdición». La identificación de este movimiento rival es un tema que requiere mayores estudios; vale la pena considerar si la referencia no pudiera ser a Simeón Ben-Shetach y los fariseos que lo seguían.[53]

En cuanto a los hombres de la «casa de Absalón» que guardaron silencio cuando deberían haber hablado en defensa del Maestro de Justicia, su identidad sigue sin estar determinada.[54] Algunos estudiosos han señalado que Alejandro Janeo tenía un hermano menor llamado Absalón (cuya hermana se casó con Aristóbulo, el hijo menor de Alejandro). Pero el comentarista debió otorgar el nombre de «casa de Absalón» a algún grupo de personas porque detectaba algún parecido entre su conducta y la de Absalón, el atractivo hijo del rey David que se rebeló contra su padre.

Nuestra identificación del Sacerdote Impío con Alejandro Janeo puede que no sea más que una hipótesis, porque debe ser sometida a un reexamen constante a medida que salgan a la luz más evidencias. Pero en el momento de escribir este texto, ninguna otra figura histórica parece cumplir tantas de las condiciones como Alejandro.

Sin embargo, esta identificación no facilita la tarea de dar un nombre al Maestro de Justicia, aunque le proporciona un marco histórico. Algunos han pensado en un esenio llamado Judá, que aparece en un incidente en la corte asmodea sólo uno o dos meses antes de la subida al trono de Alejandro; otros han pensado en un judío piadoso llamado Onías,[55] que fue

---

[53] Es probable que sean los fariseos que se mencionan en diferentes pasajes de los textos zadokitas y de Qumrán como «buscadores de cosas halagüeñas» (un eco de Isaías 30:10).

[54] El profesor Dupont-Sommer (*The Dead Sea Scrolls*, p. 37) sugiere que este Absalón era el cuñado de Alejandro, no su hermano carnal, sino el hermano de su esposa, y por tanto hermano de Simeón Ben-Shetach, el jefe de los fariseos. Pero debemos resistir la tentación de utilizar esta hipótesis para fundamentar otra hipótesis.

[55] Era conocido como Onías el hacedor de lluvia por la eficacia de sus oraciones pidiendo lluvia. Pero mientras Josefa nos explica que fue lapidado por negarse a orar pidiendo lluvia para facilitar una ventaja militar a las

lapidado por los partidarios de Hircano II poco antes de la conquista romana en 63 a.C.. Pero nada de lo relacionado con estos dos hombres buenos tiene ninguna relación con las actividades del Maestro de Justicia, tal como se pueden reconstruir a partir de los textos zadokitas y de Qumrán.

Como la figura del Maestro ha sido estudiada con creciente interés y profundidad durante los últimos años, se le ha comparado inevitablemente con el fundador del cristianismo. Un estudioso de Cambridge (el Dr. J.L. Teicher) incluso ha llegado al extremo de identificarlos. Otros se han contentado con señalar (y a veces exagerando) las características en las que el Maestro parece haber anticipado a Jesús. Ambos fueron fundadores de nuevas comunidades que surgieren del seno de Israel. Ambos sentaron los fundamentos de un método creativo de interpretación bíblica que sirvió en gran manera a sentar las bases de las creencias teológicas de sus seguidores y dirigió su curso de acción. Ambos fueron venerados por sus seguidores; si la secta de Qumrán creía que la forma de recibir un veredicto de inocencia en la corte divina era teniendo fe en el Maestro de Justicia, el Nuevo Testamento proclama que Dios justifica al hombre que tiene fe en Jesús; y en ambos casos la autoridad del Antiguo Testamente para sus pretensiones se fundamenta en las palabras: «el justo por su fe vivirá» (Habacuc 2:4). Sin embargo, existe la diferencia que la fe en el Maestro de Justicia implica principalmente fe en sus enseñanzas, mientras que la fe salvífica en Jesús, según el Nuevo Testamento, incluye además un compromiso personal con Él como Señor y Redentor. Para Sus primeros seguidores, Jesús era el Mesías prometido; no existe ninguna evidencia, por el otro lado, que el Maestro de Justicia reclamase nunca esta dignidad para él mismo o la recibiese de parte de sus seguidores. Su muerte, de hecho, debía preceder en algunos años a la esperada llegada del Mesías o de los Mesías; por eso, en el mejor de los casos, no era

---

fuerzas de Hircano contra las de su hermano Aristóbulo, el Talmud cuenta cómo experimentó un sueño de setenta años de duración, a lo Rip Van Winkle, y murió de pena poco después de despertarse porque nadie lo reconoció.

más que un precursor del Mesías, como lo fue Juan el Bautista. Es más, fue identificado como Juan el Bautista por el difunto Dr. Robert Eisler, pero esta identificación es insostenible. Porque (entre otras cosas) Juan el Bautista no sufrió a manos de un sacerdote impío, sino a manos de Herodes Antipas y su esposa Herodías.

Hasta el momento no se sabe nada de la muerte del Maestro. Intentos para mostrar que fue una remarcable anticipación de la muerte de Jesús no han tenido éxito. El profesor Dupont-Sommer sostiene que los horrores que se perpetraron sobre el «cuerpo de carne» del Sacerdote Impío, según el comentario de Habacuc, cayeron sobre el Maestro y no sobre el Sacerdote Impío;[56] pero esto es una lectura antinatural del lenguaje del comentarista. Además sostiene que el pasaje que explica como el Sacerdote Impío cayó sobre el Maestro y sus seguidores en su escondite «para engullirlos» en un día de expiación se refiere a una epifanía del Maestro martirizado que cayó sobre el Sacerdote Impío y sus seguidores en el día de expiación en 63 a.C.; el mismo día que fue testigo del asalto de la zona del templo en Jerusalén por parte de las fuerzas de Pompeyo.[57] Pero también ésta es una interpretación forzada del texto.

El señor J.M. Allegro, que también defiende la opinión que el Maestro sufrió una muerte violenta, menciona un fragmento de un comentario al Libro de Nahum, descubierto en la Cueva 4, que apoya la fecha de la fundación de la comunidad en tiempos de Alejandro Janeo con cierta alusión histórica, y también se refiere a la práctica de «colgar a hombres vivos», que razonablemente se puede entender como la crucifixión.[58] El señor Allegro argumenta a continuación que, si se menciona la

---

[56] *The Dead Sea Scrolls* [*Los rollos del mar Muerto*], p. 34.

[57] Op. cit., pp. 27 y ss, 44. Sin embargo, no es del todo cierto que la zona del templo fuera tomada el día de expiación.

[58] Véase el artículo «Further Light on the History of the Qumran Sect» [«Nuevas luces sobre la historia de la secta de Qumrán»] en el *Journal of Biblical Literature*, 75 (1956), pp. 89 y ss, y su libro *The Deas Sea Scrolls* [*Los rollos del mar Muerto*] (1956), pp. 98 y ss.

crucifixión en un comentario de Qumrán, debía tener algún significado especial para la secta. De manera que si el Maestro de Justicia se oponía a Alejandro (si se le identifica como el Sacerdote Impío) y como se sabe que Alejandro había crucificado a hombres que se habían rebelado contra él, se deduce que el Maestro pudo sufrir ese destino.

No hay nada en el pasaje especificado por el señor Allegro que sugiera que el Maestro fuera uno de esos «colgados vivos». Y los rebeldes a los que Alejandro crucificó eran hombres que habían organizado una revuelta militar contra él y llamaron a un ejército extranjero para que los ayudasen a derrocarle. La revuelta casi tuvo éxito, pero cuando Alejandro pudo finalmente aplastarla, se tomó cumplida venganza en los líderes que pudo detener. «Mientras se divertía con sus concubinas ante la mirada de toda la ciudad», explica Josefo, «ordenó que unos ochocientos de ellos fueran crucificados, y mientras aún estaban vivos ordenó que le cortaran en cuello a sus esposas e hijos ante sus ojos». La lección no cayó en saco roto entre sus oponentes que seguían siendo muchos. Cerca de ocho mil de ellos huyeron durante la noche y permanecieron en el exilio durante lo que quedaba de su reinado. Cualquier autor que quiera dejar constancia de la suprema impiedad de Alejandro pude mencionar esta enorme barbaridad, sin que nos veamos forzados a llegar a la conclusión que el Maestro de Justicia fue uno de los crucificados.

Como ya se ha mencionado, sencillamente no sabemos cómo murió el Maestro. Ni existe ninguna evidencia que sus seguidores atribuyeran valor expiatorio a su muerte, como hicieron los primeros cristianos con la muerte de Jesús, cuando (siguiendo Su ejemplo) interpretaron el significado de Su pasión en términos del Siervo sufriente de Isaías 53. Los miembros de Qumrán no ignoraban Isaías 53 pero (hasta donde podemos decir) no veían que se hubiera cumplido sólo en la experiencia del Maestro de Justicia o de cualquier otro individuo.

Cuando murió el Maestro de Justicia, los acontecimientos trascendentales que se esperaba que desencadenara con su ministerio ni siquiera habían empezado a tener lugar. Pudiera ser que por esta razón sus seguidores concibieran la creencia de que resucitaría en los últimos tiempos para continuar la labor que la muerte había interrumpido, hasta que hubiera llegado la edad mesiánica en su totalidad. Pero incluso si se esperaba que tuviera semejante resurrección especial, antes de la resurrección general de los justos, no existe ninguna prueba de que realmente se alzase entre los muertos, o que nadie creyese que lo había hecho.[59]

---

[59] El profesor H.H. Rowley ha dado argumentos a favor de la identificación del Maestro de Justicia con Onías III, el último sumo sacerdote legítimo de la casa de Zadok, que fue depuesto en 175 a.C. El Sacerdote Impío sería entonces Menelao, que usurpó el oficio sagrado y procuró al asesinato de Onías III en 171 a.C.; el Hombre de la Mentira se identifica también con Antioco Epífanes y la casa de Absalón con la familia judía de los Tobiades, cuya poco edificante historia recoge Josefo. El juicio del profesor Rowley es siempre tan acertado que cualquier postura que defienda merece la más profunda consideración. Sus argumentos se presentan extensamente en *The Zadokite Fragments and the Dead Sea Scrolls* [*Los fragmentos zadokitas y los rollos del mar Muerto*], pp. 62 y ss. Una postura similar defiende el abbé A. Michel en *Le Maître de Justice* [*El Maestro de Justicia*] (1954).

Capítulo IX

LA COMUNIDAD DE QUMRÁN

Ahora se puede realizar el intento de presentar un esquema provisional de la historia y las características de la comunidad de Qumrán. Siguen existiendo numerosos huecos y es posible que algunas partes de nuestro esbozo se demuestren, a la luz de nuevas evidencias y estudios, basados en una mala interpretación de los datos disponibles en la actualidad. Pero ésta es la historia a la que parecen apuntar los hallazgos documentales y arqueológicos.

Desde tiempos de Alejandro Magno (332 a.C.) Judea había estado bajo el control de dinastías macedonias. De 312 a 198 a.C. la dinastía ptolemaica de Egipto dominó el país; en ese último año los ptolomeos perdieron Judea a manos de la dinastía seléucida, cuya capital se encontraba en la Antioquia de Siria. Pero los judíos de Judea siguieron disfrutando de las medidas liberales del autogobierno bajo los sumos sacerdotes hereditarios de la casa de Zadok, que llevaban ahí desde el Imperio persa. Sin embargo, la influencia de la forma de vida griega y de su forma de pensar era poderosa y muchos de los judíos piadosos temían que la forma de vida diferenciada de su nación, basada en la ley de Dios, caería en el olvido ante la extensión del helenismo. Por eso se unieron para mantener su fe y las prácticas de sus padres, para resistir las insidiosas filtraciones del paganismo, y para influir en otros con su ejemplo y su enseñanza. Fueron conocidos como los *hasidim*: «las personas piadosas». Entre ellos se encuentran algunos que figuran en el Libro de Daniel como los *maskilim*, un término que se traduce a veces como «los sabios» y a veces como «los maestros» (y no importa demasiado cuál de las dos versiones se adopta, porque esos hombres cultivaban la verdadera sabiduría y la enseñaban a sus seguidores).

La paz relativa que había disfrutado el pueblo de Judea bajo sus soberanos helenísticos empezó a quebrarse poco después de la ascensión al trono seleúcida de Antíoco IV (Epífanes) en 175 a.C. Al principio de su reinado interfirió en la sucesión del sumo sacerdocio y en 171 a.C. reemplazó a la dinastía zadokita por un sumo sacerdote advenedizo, Menelao, que prometió aplicar enérgicamente la política de helenización en Judea. En los años siguientes el rey recibió los suficientes malos consejos para proseguir los ataques contra la forma de vida judía. Al final, en 167 a.C., las características distintivas de la religión judía (tales como la circuncisión y el respeto al sabbath) fueron prohibidas, los libros sagrados de la ley y los profetas fueron confiscados y destruidos, se obligó a la participación en ceremonias paganas por toda Judea, y al final del año el templo de Jerusalén fue consagrado al culto de una deidad pagana. Esta fue la deidad cuyo nombre fue ligeramente alterado por los judíos escandalizados que las traducciones de la Biblia llaman «la abominación desoladora», o como lo traduce el Dr. Moffatt, «el terrible horror».

Naturalmente, los miembros piadosos de la comunidad reconocieron en esta política un desafío que se debía resistir hasta la muerte, y gran número de ellos murió por su fe. En palabras de Daniel, «el pueblo que conoce a su Dios se esforzará y actuará. Y los sabios del pueblo (los *maskilim*) instruirán a muchos; y por algunos días caerán a espada y a fuego, en cautividad y despojo» (Daniel 11:32, 33). Pero otros miembros de la nación no se conformaron con una resistencia pasiva. Estos encontraron un líder en un anciano sacerdote llamado Matatías y en sus cinco hijos (Judas Macabeo y sus hermanos), que tomaron las armas contra el opresor y ganaron una serie de asombrosas victorias guerrilleras sobre sus tropas. Durante un tiempo los *hasidim* hicieron causa común con este movimiento insurgente. La resistencia tuvo tanto éxito que en el plazo de tres años el rey y sus consejeros se dieron cuenta de la locura de sus acciones. Se abolió la prohibición de la religión judía y exactamente tres años después de la implantación del culto pagano en el templo de Jerusalén, el lugar sagrado fue ocupado por Judas Macabeo y sus seguidores, solemnemente limpiado de la polución idólatra y vuelto a consagrar al culto del Dios de Israel.

Pero la situación no podía volver sencillamente atrás, a lo que había sido al principio del reinado de Antioco IV. Judas y sus hombres habían ganado la libertad religiosa por la fuerza de las armas; ¿no podrían ganar de la misma forma la total independencia política? De manera que continuaron la lucha y recibieron la gran ayuda de un creciente malestar civil dentro del reino seleúcida, en el curso del cual un aspirante al trono imperial tras otro se intentaba ganar la ayuda de la veterana fuerza guerrillera que habían formado Judas y sus hermanos. Al final, en 142 a.C. toda traza de dominación gentil fue expulsada de Judea y se proclamó un estado judío independiente con Simón, el último superviviente de los hermanos macabeos (aunque era el mayor de todos), como cabeza del estado. Eso significaba que no sólo era el principal gobernante civil y jefe militar, sino también sumo sacerdote. La familia asmodea, a la que pertenecía, también era una familia sacerdotal, pero muchos de los *hasidim* habían empezada a ver con un recelo creciente esta ambición egoísta y consideraban que la asunción del sumo sacerdocio era un acto de usurpación. Sus relaciones con la dinastía asmodea se volvieron cada vez más tirantes durante el reinado del hijo de Simón, Juan Hircano (135-104 a.C.) y una ruptura total siguió poco después de la entronización de Alejandro Janeo (103 a.C.) Muchos de los *hasidim* se organizaron como el partido de los fariseos, pero un grupo encontró su líder en el Maestro de Justicia. Bajo su liderazgo se retiraron al desierto de Judea y se organizaron como una comunidad religiosa con su cuartel general en Qumrán. Para este alejamiento encontraron una autoridad profética en las palabras de Isaías 40:3:

Voz que clama en el desierto: preparad camino a Jehová; enderezad calzada en la soledad a nuestro Dios.

El Maestro de Justicia les preparó para interpretar los escritos de los profetas de forma que les mostrase el papel que debían jugar en los últimos días, que él creía que se acercaban

114

con rapidez. Si la nación de Israel en su conjunto no estaba preparada para cumplir los propósitos de Dios, era su privilegio actuar como el remanente fiel de la nación. Así se organizaron como un Israel en miniatura, con sacerdotes, levitas y laicos, viviendo en «campamentos» siguiendo el ejemplo de Israel durante su peregrinaje por el desierto en tiempos de Moisés. Se comprometieron mediante una «nueva alianza» al estudio cuidadoso y a la práctica de la ley de Dios contra la llegada de una nueva era. De hecho, su fidelidad, según creían ellos, traería con más rapidez un justicia que duraría por siempre. Se llamaron a sí mismos con títulos muy diversos como *maskilim*, santos (*hasidim*) del Más Alto, el santo pueblo del pacto, los pobres del rebaño, los hijos de la luz, los hombres de la verdad, los elegidos de Dios, la comunidad de Israel y Aarón.

Ellos se describían a si mismos como «voluntarios para la santidad»; eran hombres que se ofrecían voluntariamente para un ministerio altamente responsable y honorable. Su interpretación de la ley era extremadamente estricta, mucho más estricta que la «tradición de los mayores» de los fariseos, que fue blanco de la crítica de Jesús en Su época. Otorgaban gran importancia al ritual de purificación bañándose con agua, pero insistían en que la limpieza exterior era inútil si no iba acompañada de la pureza interior del corazón. De hecho, la limpieza que buscaban era la aspersión con agua limpia, que dispensa un espíritu nuevo, que concede un corazón obediente, que es lo que Dios prometió a Su pueblo en Ezequiel 36:25 y ss. Esperaban una nueva Jerusalén y un nuevo templo, donde se ofreciesen sacrificios aceptables a manos de sacerdotes dignos. Pero la más sorprendente de sus creencias es la concepción de que tenían el deber de realizar la expiación por sus compatriotas israelitas. Su devoción a la ley divina, su resistencia al sufrimiento, su sumisión a la disciplina severa, todo esto, esperaban y creían, sería aceptado por Dios como expiación por los pecados de la nación que se había alejado tanto de la senda de Su voluntad. Su deber, tal como lo concebían, no era más que el cumplimiento del papel fijado para el Siervo obediente y sufriente del Señor en Isaías 52:13-53:12. ¿No dijo Dios a través del profeta: «por su conocimiento

115

justificará mi siervo justo a muchos, y llevará las iniquidades de ellos»? Entonces, con la ayuda de Dios, ese será su objetivo. Y cuando las prescripciones detalladas de su Regla se aplican «para establecer un espíritu sagrado de verdad eterna, para establecer la propiciación por la culpa de rebelión y por la pecaminosa falta de fe, y para obtener el favor por la tierra aparte de la carne de las ofrendas en holocausto y la grasa del sacrificio; entonces [dicen] la oblación de los labios según el juicio deberá tener un dulce sabor de justicia y la perfección del camino individual será una ofrenda aceptable y voluntaria».

Gracias a las instrucciones del Maestro de Justicia, que marcó para ellos la senda de santidad y les mostró cómo debían servir a los propósitos divinos en el final de los tiempos, se dispusieron por este medio a salvarse a sí mismos y a sus hermanos con menos conocimientos. Pero la propiciación no era la única tarea que debían emprender; cuando llegase la hora, también serían llamados a ejecutar la obra del juicio. Esta obra de juicio vendría promovida por la próxima guerra contra los hijos de las tinieblas, pero los líderes culpables de Israel también obtendrían la recompensa debida a sus hechos. Por los simples que se habían alejado de la senda, habría misericordia gracias a la tarea de propiciación de la comunidad; pero para aquellos que deliberadamente los habían llevado a la perdición, el día de la venganza estaba próximo. «A manos de Sus elegidos Dios juzgará a todas las naciones; y por su represión, aquellos que hayan guardado Sus mandamientos en la época de aflicción condenará a todos los malvados de Su pueblo.»

No existía ninguna inconsistencia entre su labor propiciatoria y la ejecución del castigo sobre los impíos; la comunidad no sólo debía encarnar la figura del Siervo del Señor que hace que muchos se cuenten entre los justos, sino también la figura de «uno como un hijo de hombre» que, en la visión nocturna de Daniel, recibe del Anciano de días la autoridad de ejecutar el juicio y ejercer un domino eterno y universal (Daniel 7:13 y ss., 22).

Su comprensión sobre la identidad esencial de estas dos figuras proféticas es especialmente remarcable. Las dos figuras, como es sobradamente conocido, se fusionan en las enseñanzas de Jesús, que deriva Su título escogido de Hijo del Hombre de Daniel 7:13, pero lo interpreta no sólo como el ejecutor del juicio divino, sino también como el Siervo de Isaías que padece la aflicción por los pecados de los demás. Cuando habló del Hijo del Hombre «sentado a la diestra del poder de Dios, y viniendo en las nubes del cielo» (Marcos 14:62), también enfatizó repetidamente que el Hijo del Hombre debía «padecer mucho y ser tenido en nada» (Marcos 9:12).

Lo que no se conoce tanto es que las dos figuras —el Siervo del Señor y el Hijo del Hombre— pretendían desde un principio ser idénticas; que el que Daniel vio en su visión era el Siervo de Isaías bajo otro disfraz. Como profundos estudiosos de las visiones de Daniel, como herederos de aquellos *maskilim* cuyo objetivo (según Daniel 12:3) era «instruir a muchos en el camino de la justicia», la comunidad de Qumrán se reconocía en ellos. Su propósito de cumplir este doble papel era muy noble, aunque fracasaron en su empeño.

Cuando consideramos la solemne responsabilidad a la que se dedicaron estos «hijos del pacto», podemos comprender porqué creyeron necesario unirse con una disciplina tan estricta. Sólo con una justicia perfecta se podía cumplir su tarea de expiación vicaria.

El verdadero *maskil* era instruido para enseñar a sus seguidores el verdadero conocimiento de Dios. Del énfasis sobre el «conocimiento» en muchos documentos de la comunidad, algunos estudiosos han deducido que los *maskilim* y sus discípulos seguían una especie de gnosticismo. Esto es una obviedad si entendemos el término *gnosis* («conocimiento») en su sentido general, pero también es erróneo porque por gnosticismo se entiende habitualmente la búsqueda de una concepción especial de la *gnosis* que no se encuentra en los documentos de Qumrán. Aquí buscaremos en vano esa *gnosis* que permite que el alma se libere progresivamente de su encarcelamiento en la materia mediante la ascensión a través de las esferas hacia un reino superior del espíritu. El conocimiento cultivado en Qumrán era el conocimiento recomendado en los libros de sabiduría del Antiguo Testamento, que encuentran su fuente en el temor a Dios. Sin embargo, un aspecto de este conocimiento, que se enfatiza de forma especial, es el conocimiento de los misterios de los propósitos divinos, que se desarrollarán completamente al final del orden mundial de su época. Una fase de este conocimiento fue impartido por Dios a Sus siervos los profetas, pero una etapa posterior estuvo reservada al Maestro de Justicia y a sus discípulos, que fueron iniciados en el misterio de la época en la que Dios cumplirá las cosas reveladas a los profetas. «Ninguno de los impíos entenderá, pero los entendidos (los *maskilim*) comprenderán» (Daniel 12:10). Los profetas (como dirá el apóstol Pedro en una fecha posterior) podían preguntar e investigar con diligencia sobre la personas o la época que indicaba el Espíritu por cuya boca hablaban; pero estos *maskilim* creían que conocían el secreto que había eludido a los profetas.

Otro rasgo de gnosticismo que se ha detectado en los escritos de Qumrán es el dualismo. En la *Regla de la comunidad* se dice que dos espíritus dominan la vida humana: el espíritu de verdad y el espíritu del error. «En la morada de la luz se encuentran los orígenes de la verdad, y en la fuente de las tinieblas están los orígenes del error. En manos del príncipe de la luz está el dominio sobre todos los hijos de la justicia, y ellos caminan por la senda de la luz. Y en la mano del ángel de las tinieblas se encuentra todo el domino de los hijos del error, y ellos caminan por la senda de la oscuridad.» Evidentemente esto se puede llamar dualismo, pero se trata de un dualismo que se encuentra sujeto a la doctrina bíblica del Dios el Creador, que formó la luz y creó las tinieblas (Isaías 45:7). Porque estos dos espíritus son criaturas de Dios uno, junto con todo lo demás que existe. «Del Dios del conocimiento procede todo lo que es y lo que será; incluso antes de que existan, Él estableció todas sus formas.» Esto se enfatiza más de una vez en palabras que son casi idénticas a la afirmación del cuarto evangelista sobre el Logos divino: «Todas las cosas por Él fueron hechas, y sin Él nada de lo que ha sido hecho, fue hecho» (Juan 1:3).

La organización de la comunidad era jerárquica: había sacerdotes (llamados de forma indistinta «hijos de Aarón» o «hijos de Zadok»), levitas, ancianos y fieles de a pie. Estaba gobernada por un consejo supremo formado por doce laicos y tres sacerdotes. Algunos temas importantes se decidían mediante un oráculo, que era interpretado bajo la dirección de los hijos de Aarón. Esto preservaba la tradición de la primera época en Israel cuando la voluntad de Dios era interpretada por los sacerdotes a través del oráculo sagrado: el Urim y el Tumim.

De vez en cuando se celebraba una asamblea general de la comunidad, llamada «la sesión de los muchos».[60] Se establecieron reglas de precedencia para ocupar los asientos — primero los sacerdotes, después los ancianos, seguidos del resto del pueblo, cada uno en su posición— y se imponían estrictamente los turnos de intervención para la conducción de las reuniones. Cualquier que quisiera hablar se debía levantar y decir: «Tengo la palabra para hablar a los demás». Si recibía el permiso del presidente, podía hablar. Y mientras estaba hablando ningún otro miembro lo podía interrumpir. Comportamientos completamente inadecuados como decir tonterías, reír en voz alta, dormirse mientras se desarrollaba la sesión, o dejar la sala con demasiada frecuencia sin una causa justificada, recibían el castigo apropiado. El castigo adoptaba habitualmente la forma de expulsión durante un período de tiempo de los ritos de purificación y de las comidas comunitarias, o la reducción de la ración de un hombre durante un tiempo especificado.

Cada campamento en que se dividía la comunidad estaba supervisado por un inspector, y sobre todos ellos se encontraba un inspector jefe, que comprobaba que se mantuviera la disciplina.

Uno de los deberes de este inspector jefe era examinar a los candidatos para ser admitidos en la comunidad, comprobar que sus motivos y sus vidas eran puras y que comprendieran lo que estaban haciendo. Aquellos que pasaban este primer examen debían aparecer ante una asamblea general de «los muchos», que los podía aceptar o rechazar. Si eran aceptados, debían pasar por dos etapas de iniciación, cada una de las cuales

---

[60] Algunos traducen esta expresión como «la sesión de los grandes». Pero «la sesión de los muchos» parece mucho más adecuado.

duraba un año, antes de que adquirieran la categoría de miembros de pleno derecho. Durante el primer año podían conservar sus propiedades privadas; durante el segundo año las debían depositar con el tesorero comunitario, pero hasta que no se convertían en miembros de pleno derecho al inicio del tercer año estos bienes no se fundían con el fondo común. Se imponía un duro castigo a los miembros que «engañaban conscientemente sobre sus propiedades», pero no era tan duro como el juicio a que fueron sometidos Ananías y Safira cuando cometieron esta ofensa en los primeros tiempos de la iglesia de Jerusalén.

Cuando un hombre era admitido en la comunidad del pacto, debía jurar solemnemente un voto de volver a la ley de Moisés con todo su corazón y evitar todo contacto con los hombres impíos. Mientras lo hacía, los sacerdotes recitaban bendiciones sobre aquellos que ponían su corazón en caminar por las sendas de Dios, y los levitas recitaban las maldiciones que caerían sobre los que cometieran apostasía.

Las mujeres, al igual que los hombres, también eran admitidas en la comunidad, y no se desaconsejaba ni el matrimonio ni la vida familiar. Esto queda suficientemente claro por algunos de los documentos más relevantes y queda subrayado por las pruebas del cementerio al este de Khirbet Qumran, donde se encuentran enterrados tanto mujeres como hombres.

La prueba arqueológica del gran baptisterio desenterrado en Khirbet Qumran se ajusta al énfasis en la limpieza ritual con agua que aparece en la *Regla de la comunidad*. Suponemos que esta limpieza no era sólo un rito iniciático, sino que se realizaba con frecuencia. Pero quedaba totalmente claro que esta limpieza ritual sola no tenía ninguna eficacia si el corazón del hombre no estaba en paz con Dios. La limpieza del cuerpo sólo era aceptable desde el punto de vista religioso si era el signo exterior de un alma purificado y humilde en el interior. Además, parece ser que esta limpieza era tan característica que los miembros de la comunidad la denominaban habitualmente como «la purificación de los muchos».

Comidas comunitarias, cultos comunitarios y consultas

comunitarias eran actividades regulares de la comunidad. Sin embargo, estas actividades comunitarias no implicaban siempre la reunión de toda la comunidad; se podían desarrollar siempre que se reunieran diez miembros de la misma y siempre que uno de ellos fuera un sacerdote. Era necesario, por ejemplo, que cuando se reunían para una comida comunitaria, ya fuera un grupo de diez o de más miembros, el sacerdote debía dar las gracias antes de compartir el pan o el vino. Y cuando se reunía uno de esos grupos de diez, se tenía que establecer que uno de ellos siempre estuviera inmerso en el estudio y la exposición de la ley sagrada. Parece que se establecían relevos, de manera que el estudio y la exposición fueran continuos. La noche se dividía en tres guardias, y durante cada guardia un tercio de los miembros permanecía despierto escuchando la lectura y exposición, y coreando las bendiciones establecidas.

Aunque su cuartel general estuvo en Khirbet Qumran, no todos vivían allí; no hay duda que los centenares de cuevas en el distrito debían servir de «celdas» para muchos de ellos.

Aquellos que eran finalmente admitidos como miembros de pleno derecho de la comunidad entregaban sus propiedades (como ya hemos visto) al fondo común, que era administrado por el tesorero de la comunidad de acuerdo con las instrucciones del consejo. Parece que hacían lo mismo con los salarios o los demás ingresos que pudieran adquirir durante su membresía en la comunidad. Porque queda claro que no rehuían el trabajo manual y estaban dispuestos a realizar servicios de poca importancia para los impíos, mostrándoles externamente una humilde deferencia, mientras que en su corazón guardaban sentimientos muy diferentes hacia ellos. En un artículo importante, «The Economic Basis of the Qumran Community»[61] [«Las bases económicas de la comunidad de Qumrán»], el profesor William R. Farmer de la Drew University en Madison (Nueva Jersey), señala la importancia de las siguientes cuestiones: «¿Cómo se podía mantener un comunidad tan asentada en un entorno tan desolado? ¿Cómo subsistía esa gente? ¿Cómo obtenían alimentos, ropas, material

---

[61] En la *Theologische Zeitschrift*, julio-agosto, 1955, pp. 295 y ss.

de escritura, utensilios de cocina, etc., que eran necesarios para su vida comunitaria?» A continuación considera los diferentes tipos de trabajos que tenían a su disposición y otorga especial atención a las labores relacionadas con los productos del mar Muerto, tareas conectadas con el cercano oasis de Ain Feshka, y trabajos que se pudieron realizar dentro del cuartel general de la comunidad. Demuestra que pudieron trabajar como agricultores, pastores, apicultores y otras tareas por el estilo, y que pudieron vender diferentes tipos de productos y artículos manufacturados. Tampoco es necesario suponer que todos los miembros pasaban todo el tiempo en Qumrán. Mediante el trabajo en zonas más pobladas de Judea y la entrega a la comunidad de todos sus ingresos, excepto lo requerido para su subsistencia, muchos de ellos pudieron contribuir al mantenimiento de la vida comunitaria.

De esta forma seguían el curso elegido de vida sencilla y pensamiento elevado. La ocupación romana de Judea en 63 a.C. los llenó de esperanza de que la hora del cumplimento, que buscaban con tanta seriedad, estaba a punto de llegar. Pero la señal esperada se posponía continuamente. A principios del reinado de Herodes el Grande (37-4 a.C.), por razones que merecen mayores investigaciones, abandonaron Khirbet Qumran y se trasladaron posiblemente a los alrededores de Damasco.[62] Durante su ausencia, el cuartel general sufrió daños considerables a causa del terremoto de 31 a.C. Pero cuando recibieron la noticia de la muerte de Herodes, regresaron y el hecho que «Arquelao reinase sobre Judea en lugar de su padre Herodes» no los detuvo para establecerse en Judea, como si hizo con la sagrada familia. Reconstruyeron y reforzaron Khirbet Qumran y continuaron con la forma de vida que habían seguido antes de su exilio temporal.

Pero el final de los tiempos se seguía retrasando. No demasiado lejos de su cuartel general, un hombre de origen sacerdotal, cierto Juan hijo de Zacarías (que posiblemente era conocido de muchos de ellos) empezó a proclamar el bautismo

---

[62] Esto depende de nuestra interpretación de ciertas referencias en la obra zadokita (véase p. 31, nota).

de arrepentimiento por el perdón de los pecados alrededor de 27 d.C., en preparación del inminente advenimiento del «Esperado», que debía llevar a cabo una labor purificadora mediante el juicio. Pero no parece que el ministerio de Juan influyera en los hombres de Qumrán. Poco después otro predicador en Galilea, más al norte, proclamó que el tiempo del cumplimiento había llegado y que el reino de Dios se acercaba, y llamó al pueblo para que se arrepintiera y creyera en la buena nueva. Pero incluso este ministerio, que tuvo su secuela en una cruz en Jerusalén, causó poca repercusión en Qumrán, si es que tuvo alguna. Ellos siguieron esperando.

Sin embargo, había otros hombres en Israel que no creían en la espera, sino en lanzar una ataque contra el poder de ocupación y ganar el reino divino por la fuerza. Muchos de sus intentos fueron aplastados, pero uno que lanzaron en el año 66 d.C. iba a tener un sorprendente éxito inicial. Muchos judíos pensaron que se había roto el dominio romano sobre su tierra. Lo que pensó la comunidad de Qumrán cuando vieron a estos «hombres de violencia» ocupar el campo contra los hijos de las tinieblas, sólo lo podemos suponer. Pero significaba el final de su vida y de sus esperanzas en la forma que habían conocido desde los días del Maestro de Justicia. Pero los romanos no se amilanaron por los reveses iniciales. En mayor de 68 d.C., Vespasiano, comandante de las fuerzas romanas, contaba con aplastar la revuelta judía, avanzó desde el norte sobre Jericó y tomó fácilmente la ciudad (sus habitantes habían huido al ver que se aproximaba). Entonces envió a la Décima Legión contra Jerusalén, dejando una guarnición en Jericó. Según la moneda encontrada en Khirbet Qumran, en lo que se refiere a su ocupación por la comunidad, ésta llegó a su fin en 68 d.C., y no resulta descabellado llegar a la conclusión que la comunidad abandonó su cuartel general ante la aproximación de los romanos. Pero primero guardaron la biblioteca comunitaria en las cuevas cercanas al asentamiento, envolviendo los rollos con cuidado en lino y colocándolos en tinajas de forma y tamaño adecuados.[63] No hay duda de que esperaban que se llegaría a

---

[63] En las últimas fases del traslado de la biblioteca a lugares seguros,

una situación mucho más pacífica a su debido tiempo y podrían regresar a Qumrán, recuperar sus libros y reanudar su vida comunitaria. Pero estas esperanzas se vieron frustradas. Nunca regresaron. En cuanto a sus preciosos libros, es posible que una o dos veces en el curso de los siglos, algunas personas tropezaran con una u otra de las cuevas en las que estaban escondidos. Es posible que la recuperación de algunos de estos documentos ayudase a la aparición de un movimiento reformador en el judaísmo del siglo VIII que ha persistido en diferentes lugares hasta nuestros días. Pero la mayor parte de los libros quedaron olvidados en las cuevas, desintegrándose con lentitud con el paso del tiempo, hasta que sus restos fragmentarios salieron recientemente a la luz de una manera tan inesperada.

Nota sobre anteriores hallazgos de manuscritos

Resulta un tema de gran interés que se tengan noticias desde la Antigüedad del descubrimiento de manuscritos en Palestina (algunos de ellos en la región en la que estamos especialmente interesados).

Por ejemplo, en algún lugar hacia 217 d.C. el ilustre estudioso cristiano Orígenes encontró algunos libros hebreos y griegos, entre ellos una versión griega de los Salmos del Antiguo Testamento (diferente de la versión de la Septuaginta), «en una tinaja cerca de Jericó». En la época en la que la Cueva 1 de Qumrán era la única que se sabía que contenía manuscritos, algunas personas pensaron que la tinaja de rollos de Orígenes debía proceder de allí; incluso se sugirió de forma bastante incauta que pudo ser él quien dejó una lámpara romana y una olla para cocinar que se encontraron en ella. La versión griega de los Salmos que encontró fue incorporada a su gran edición crítica de la Biblia, llamada la Hexapla.

Muchos siglos después de la época de Orígenes, hacia el año

---

aparentemente no tuvieron tiempo de envolver los manuscritos en lino y meterlos en tinajas, sino que se vieron forzados a depositarlos en cuevas tal como estaban.

800, conservamos el relato del descubrimiento de una cueva en la región del mar Muerto que contenía manuscritos de los libros del Antiguo Testamento y de otras obras hebreas. Este hallazgo se menciona en una carta escrita por Timoteo, patriarca de los cristianos nestorianos, a Sergio, obispo metropolitano de Elam. (Como el descubrimiento en 1947, este también fue accidental: un pastor beduino fue en busca de su perro, que había seguido a una oveja a través de un agujero y no había vuelto a salir.)

Un siglo o dos después tenemos más noticias (probablemente relacionadas con el descubrimiento mencionado por Timoteo) de Qirqisani, un escritor del siglo X que pertenecía a la secta judía de los caraítas. Los caraítas, que aparecieron en el siglo VIII d.C. (y que sobrevivieron hasta que Hitler borró sus últimos representantes en Crimea durante la Segunda Guerra Mundial), rechazaban la tradición rabínica preservada en el Talmud y pretendía basar sus creencias y sus prácticas directamente en el texto escrito de la Biblia hebrea.

Qirqisani, al referirse a varias sectas judías, menciona a una que llama la «secta de la cueva» porque su literatura fue descubierta en una cueva. Cita a un escritor anterior, David Ibn-Merwan, como la autoridad para esta referencia. Un autor posterior llamado Al-Biruni también se refiere a la «secta de la cueva», dando el nombre de un escritor del siglo IX como su autoridad. Otra referencia más a la «secta de la cueva» aparece en las obras de Sharahstani, que vivió entre los siglo XI y XII. Según él, esta secta floreció cuatrocientos años antes del heresiarca alejandrino Arrio. Como Arrio fue especialmente importante durante la época del concilio de Nicea (325 d.C.), esta indicación de fecha (si podemos otorgarle alguna fiabilidad) señala al siglo I a.C. como el período de la «secta de la cueva». Quizá Qirqisani plantea una fecha similar, si es que tiene algún significado cronológico el hecho que la mencione entre los saduceos (que aparecen por primera vez hacia finales del siglo II a.C.) y los seguidores de Jesús de Nazaret (que, por supuesto, aparecen en el siglo I d.C.)

Parece que esta «secta de la cueva» se podría identificar con nuestra comunidad de Qumrán, lo que parece aún más razonable cuando Qirqisani explica que seguían un calendario diferente del ordinario.

Además, parece que Qirqisani no fue el único judío caraíta interesado en la «secta de la cueva» y su literatura. Existen algunos puntos de contacto bastante interesantes entre los textos de Qumrán y la doctrina caraíta (tanto que un eminente estudioso judío inglés, el Dr. P.R. Weis ha planteado la sugerencia, arqueológicamente imposible, que los textos de Qumrán reflejen influencias caraítas). Se puede plantear un caso *prima facie* para la hipótesis de que el desarrollo inicial de la doctrina caraíta le debe mucho al descubrimiento casual de textos de Qumrán alrededor de la misma época en que se originó el movimiento caraíta. Vale la pena mencionar que aparentemente debemos a escribas caraítas que nos hayan llegado dos copias fragmentarias de la obra zadokita que se conservó durante tantos siglos en la geniza de El Cairo. ¿Fue ésta una de las obras descubiertas de la literatura de la «secta de la cueva» en el siglo VIII? Parece muy probable.

Capítulo X

QUMRÁN Y LOS ESENIOS

Inevitablemente tenemos que preguntar si existe algún grupo de judíos piadosos mencionados en la literatura contemporánea con el que se pueda identificar la comunidad de Qumrán. Y, también es casi inevitable que se nos recuerde a los llamados esenios, sobre los cuales nos ha llegado una buena cantidad de información procedente de tres escritores del siglo I d.C. Dos de ellos eran judíos que escribían en griego —el alejandrino Filón y el palestino Josefo— y el otro es un romano, Plinio el Viejo.

Vale la pena reproducir en toda su extensión el relato de Plinio. Aparece en el quinto libro de su *Historia Natural* y fue escrito entre 73 d.C. (el año de la conquista de Masada) y 79 (el año de la muerte de Plinio en la erupción del Vesubio). Acaba de describir el mar Muerto y sus maravillas y prosigue:

> En su orilla occidental, a la suficiente distancia de su costa para evitar su mala influencia, viven los esenios. Forman una comunidad solitaria e inspiran nuestra admiración más que cualquier otra comunidad en todo el mundo. Viven sin mujeres (porque han renunciado a toda vida sexual), viven sin dinero, y sin otra compañía que la de las palmeras. Día tras día se mantiene su número por el flujo de personas que los buscan y se unen a ellos procedentes de cerca y de lejos. Estas personas se ven empujadas a adoptar la forma de vida esenia por su cansancio de la vida ordinaria y a causa de un cambio de fortuna. Así, a través de miles de generaciones —increíbles de explicar— esta comunidad en la que nunca ha nacido nadie sigue adelante sin morir; el cansancio de la vida de otras personas es el secreto de su permanente fertilidad. Bajo su cuartel general se encuentra el pueblo de Engedi, cuya fertilidad y palmerales lo situaban antes

sólo detrás de Jerusalén; pero ahora, como la misma Jerusalén, se ha convertido en un montón de cenizas. Cerca se encuentra Masada, una fortaleza sobre una roca, que tampoco está lejos del mar Muerto. Y allí se encuentra la frontera de Judea.

Fuera quien fuese la gente a la que Plinio estaba describiendo, su relato, que se basa probablemente en fuentes anteriores, contiene muchos elementos de exageración retórica. Por ejemplo, no hay la menor duda que los esenios no habían vivido en esa zona durante «miles de generaciones»; diez generaciones sería posiblemente una exageración considerable, aunque consideremos que un siglo abarca cuatro generaciones. Por eso no debemos concluir con demasiada rapidez que Plinio no se pueda estar refiriendo a la comunidad de Qumrán, aunque reconozcamos de inmediato algunos elementos de su relato que no se pueden reconciliar con las evidencias que hemos recogido hasta el momento sobre dicha comunidad. Como hemos mencionado con anterioridad, el padre de Vaux llegó a la conclusión, poco después de iniciarse las excavaciones en Khirbet Qumran, que aquí se encontraba el cuartel general bajo el cual (como dice Plinio) se encuentra el pueblo de Engedi. Y aún así, Khirbet Qumran también proporciona pruebas de que la comunidad que tuvo allí su centro nunca vivió sin mujeres ni sin dinero, de manera que la afirmación de Plinio en ambos casos habría que tomarla con bastante escepticismo si aceptamos la identificación del padre de Vaux.

De los dos escritores judíos que mencionan a los esenios, Filón de Alejandría fue el más antiguo: nació hacia 20 a.C. y murió alrededor de 50 d.C. Nos ha legado dos relatos de los esenios. Uno es una explicación bastante larga en su tratado *Todo hombre bueno es libre* (que habitualmente se considera una de sus obras de juventud); el otro es más corto y forma parte de su *Hipotética*, una obra apologética.

En su referencia más larga, Filón estima el número de los esenios en unos cuatro mil y los describe viviendo en aldeas, trabajando duro en la agricultura y en ocupaciones similares, dedicando mucho tiempo (en especial durante el sabbath,

128

cuando se reunían en sus sinagogas) al estudio comunitaria de temas morales y religioso, incluyendo entre ellos la interpretación de las Sagradas Escrituras. Prestaban una atención escrupulosa a la pureza ceremonial, nos explica Filón, y tenían todas las propiedades —dinero, alimentos y ropas— en común. Se abstenían de sacrificar animales, de jurar, del servicio militar y de las actividades comerciales. No tenían esclavos, se ocupaban de aquellos entre ellos que no eran capaces de trabajar a causa de enfermedad o de la edad avanzada, y en general cultivaban todas las virtudes. Además, eran el ejemplo viviente de la tesis de que los verdaderamente buenos eran los realmente libres.

En la referencia más corta, Filón menciona de nuevo muchas de estas características, y añade que sólo admitían a adultos como miembros de su comunidad, y que practicaban el celibato porque las esposas y las familias distraen la atención del hombre para perseguir el bien y la verdad.

Josefo, que nació hacia 37 d.C. y vivió hasta el final de dicho siglo, también nos ha legado dos menciones a los esenios. Su relato más largo y más antiguo aparece en el segundo libro de su *Historia de la guerra de los judíos*, que se escribió sólo unos pocos años después de 70 d.C. Una referencia más corta aparece en el libro octavo de sus *Antigüedades judías*, escrito unos veinte años más tarde.

Josefo ofrece una información más detallada que Filón, y su información se basa —al menos en parte— en pruebas de primera mano. Además tiene la pretensión de haberse interesado por los esenios durante su juventud, como lo hizo por otras sectas judías, para familiarizarse con todas y escoger entonces a la mejor. Desgraciadamente, no podemos leer sin una cierta reserva nada de lo que Josefo nos explica sobre sí mismo; y como su «gran familiaridad» con los esenios se fundió con otras experiencias entre los dieciséis y los diecinueve años, no parece que haya sido muy profunda.

Además, mientras Filón por su parte admite que utiliza a los esenios para extraer una lección moral, Josefo por su lado enfatiza aquellas características, en ésta y en otras sectas judías, que él considera que van a impresionar más a sus

129

lectores gentiles; así, insiste en describir las sectas religiosa judías como si fueran escuelas filosóficas a la manera griega.

Sin embargo, en su mayor parte la descripción que hace Josefo de los esenios nos parece basada en los hechos y fiable.

Según él, los esenios estaban extendidos por todas las ciudades de Palestina. Algunos de ellos vivían en Jerusalén. Practicaban la hospitalidad comunitaria: un esenio procedente de cualquier lugar sería tratado como un hermano si llegaba a la casa de cualquier otro esenio. Pero la mayor parte de la descripción de Josefo implica una vida comunitaria que no podrían seguir habitantes permanentes de las ciudades, y una deducción razonable es que los esenios totalmente iniciados se organizaban en comunidades separadas, mientras que se relacionaba con los miembros asociados que vivían en las ciudades.

En su referencia más corta a la secta dice:

La doctrina de los esenios es que todas las cosas están en manos de Dios. Enseñan la inmortalidad del alma y creen que su deber es buscar los frutos de la justicia. Cuando envían sus ofrendas votivas al templo, no traen consigo sacrificios, porque tienen unos ritos de purificación que les son propios; por esta razón son excluidos del recinto común del templo y de los sacrificios propiamente dichos. Superan a todos los demás hombres por su forma de vivir y se dedican completamente a la agricultura. Debe recibir una especial admiración su rectitud, en la que superan a todos los demás que persiguen una buena vida, sin precedentes ni entre los griegos ni entre los bárbaros. No se trata de una devoción temporal, sino que ha persistido entre ellos durante mucho tiempo como una política asentada. Tienen todas las cosas en común, de manera que el rico no disfruta más de sus riquezas que un hombre que no tiene ni una moneda. Hay más de cuatro mil hombres que siguen esta forma de vida, y ni se casan con mujeres ni tienen esclavos, porque piensan que la posesión de esclavos conduce a la injusticia, mientras que el matrimonio es una ocasión para los conflictos. Pero viven juntos y se sirven los unos a los otros. Nombran a hombres capaces para que reciban sus ingresos y los productos de la tierra, y a sacerdotes para supervisar la preparación de su pan y de sus alimentos. Todos ellos siguen la misma forma de vida, sin desviarse de ella.

Mientras que Josefo confirma, en general, las afirmaciones de Filón y de Plinio de que los esenios eran célibes, también menciona una orden de los esenios «que, aunque están de acuerdo con los demás en su forma de vida, costumbres y regulaciones, difieren de ellos en su visión del matrimonio». Los miembros de esta orden especial se casan con mujeres y forman familias, afirma Josefo, porque reconocen que de otra forma la raza se extinguiría (una explicación ingenua porque, como demuestra él mismo, los mayores grupos esenios parece que habían propagado su especie con bastante éxito mediante la adopción y el cuidado de los hijos de otras personas). Evidentemente, estas mujeres compartían la vida comunitaria y las abluciones rituales.

Cualquiera que buscara la admisión en la hermandad esenia, nos explica Josefo, debía pasar un período de prueba de tres años. Durante el primer año vestía un hábito blanco y una faja que era característica de la secta, y llevaba consigo una pala pequeña que todos los esenios utilizaban para cavar una letrina de acuerdo con las instrucciones en Deuteronomio 23:12-14. Al final del primer año, el novicio era admitido a la purificación ritual con agua, pero debían pasar dos años más hasta que se le considerase preparado para su admisión en la comida comunitaria. Y cuando se alcanzaba esta última etapa de la iniciación, dice Josefo, «antes de que se le permita tocar la comida comunitaria, debe realizar unos juramentos tremendos: primero, que debe practicar la piedad hacia Dios; después, que observará la justicia hacia los hombres; que no le hará mal a nadie ya sea por iniciativa propia o por las órdenes de otro; que siempre odiará a los malvados y ayudará a los justos; que mantendrá su palabra con todos los hombres y en especial con aquellos que tengan autoridad (porque ningún hombre alcanza el dominio sobre otros si no es por voluntad de Dios); que, si él mismo llega a gobernar, no abusará de su autoridad ni deslumbrará a sus súbditos por el vestido o por cualquier otro adorno superior; que siempre amará la verdad y denunciará las mentiras; que mantendrá sus manos alejadas del robo y su alma pura de ganancias impías; que no ocultará nada a sus compañeros esenios y no revelará ninguno de sus secretos a los demás, aunque lo torturen hasta la muerte. Además, jura transmitir la regla exactamente como la ha recibido, absteniéndose del bandidaje, y de igual forma preservar los libros de la secta y los nombres de los ángeles. Con semejantes juramentos atan con fuerza a todos aquellos que se unen a ellos.»

Como se podría esperar en una hermandad guardada por semejantes juramentes, la disciplina era estricta; aunque era notoria e inflexiblemente justa. El efecto de los juramentos iniciáticos en la consciencia de aquellos que se unían a ellos eran tan fuertes que un esenio excomulgado inevitablemente se dejaba morir de hambre (excepto que la excomunión fuera revocada a tiempo), porque todo alimento preparado de otra forma que no fueran sus propias normas era ceremonialmente impuro y no podía obligarse a comerlo. Josefo explica cómo muchos miembros de la secta soportaron todo tipo de torturas a manos de los romanos, que intentaban por ese medio obligarles a comer alimentos prohibidos o a romper sus juramentos, pero todo ello sin resultado.

El día de un esenio empezaba antes del amanecer, cuando se levantaba para recitar las oraciones de la mañana junto con sus compañeros, «como si estuvieran suplicando al sol que saliese». Antes de recitar estas plegarias no se decía ni una palabra. Entonces (excepto el sabbath, que se observaba muy estrictamente) los hermanos se ocupaban con las diversas tareas que les había asignado el supervisor, y trabajaban hasta que se acercaba el mediodía. En ese momento se reunían en el centro comunitario, se bañaban y entraban en el refectorio llevando hábitos de lino. Esta comida del mediodía era una ocasión solemne en la que sólo estaban presentes los miembros de pleno derecho. Se iniciaba y concluía con una oración de gracias, pronunciada por un sacerdote, y la comunidad alababa a Dios antes y después de la comida, que consistía en alimentos sencillos. Comían con moderación y su comportamiento durante la comida, como en todos los demás momentos, estaba marcado por el silencio y la sobriedad. No hablaban todos a la vez, sino por turnos, observando la regla de antigüedad, porque existían cuatro clases de miembros, ordenados según su antigüedad.

Después de la comida se quitaban sus hábitos de lino, se ponían la ropa de trabajo y continuaban con las tareas prescritas hasta el anochecer. Entonces se reunían para otra comida, pero en esta ocasión podían estar presentes extraños y visitantes.

Una característica curiosa que relata Josefo para la edificación de sus lectores es que los esenios consideraban el aceite como algo profanador, de manera que no se ungían, ni siquiera después del baño, porque creían que la piel áspera gustaba más en el cielo. Evitaban los juramentos, aparte de los que pronunciaban durante su iniciación. Eran grandes estudiosos de los libros sagrados y de los escritos de los antiguos, y tenían una gran reputación tanto por la interpretación de los profetas como porque ellos mismos realizaban predicciones, que habitualmente eran corroboradas por los acontecimientos. También prestaban mucha atención a las propiedades medicinales de diversas raíces, plantas y «piedras» (probablemente productos bituminosos del mar Muerto).

Otro autor que ofrece una referencia de los esenios en líneas generales como la de Josefo es el cristiano latino Hipólito, cuyo tratado *La refutación de todas las herejías* data de los primeros años del siglo III. Parece que Hipólito tuvo acceso a fuentes de información fiables e independientes que le permiten corregir ciertos puntos del relato de Josefo y ampliar la información de otros. Hipólito omite la sugerencia de culto al sol en sus plegarias matutinas; según él, «seguían en oración desde las primeras luces del alba y no decían palabra hasta que habían cantado un himno de alabanza a Dios». La omisión de Hipólito de cualquier cosa que pudiera tener la apariencia de culto al sol no se debía a un deseo de convertir a los esenios en más ortodoxos de lo que realmente eran; quizá Josefo tenía en mente una secta llamado los sampseanos, que probablemente tenían algunas afinidades con los esenios y que adquirieron su nombre (derivado de la palabra semítica que significa «sol») por actos de homenaje al sol como manifestación de la divinidad. De hecho, el término esenios se ha utilizado a veces para cubrir un amplio campo de grupos sectarios judíos que se apartaron de la vida corriente; el propio Hipólito incluye entre ellos a algunas personas cuyas características podríamos considerar que las vinculaban con los zelotas y las alejaban de los esenios.

Hipólito nos ofrece una serie de ejemplos que ilustran la severidad con la que los esenios observaban el sabbath y otras leyes. Algunos, nos dice, no querían tocar ninguna moneda que llevase la imagen del emperador o de cualquier otro hombre, porque el mismo acto de mirar algo semejante lo consideraban como una de las formas de idolatría prohibida en el Segundo Mandamiento.

Pero su diferencia más importante respecto al relato de Josefo es su afirmación de que los esenios creían en la resurrección del cuerpo, así como en la inmortalidad del alma. El alma, nos dice, es desde su punto de vista imperecedero, y descansa después de la muerte en un lugar aireado y bien iluminado, hasta que llegue el día del juicio y se reúna con el cuerpo resucitado. Pero Josefo nos explica que los esenios consideraban el cuerpo como la prisión temporal y mortal del alma inmortal, de la que queda liberada por la muerte y se dirige hacia lo alto, regocijándose de su liberación de tan larga unión. Ambos son testimonio de la creencia esenia en la inmortalidad natural del alma, que no era la doctrina habitual del judaísmo, pero Josefo, no contento con recoger este elemento griego en las creencias esenias, parece que hizo una concesión más al gusto griego al insinuar que los esenios no esperaban una resurrección del cuerpo.

Según Filón, los esenios fueron fundados por Moisés. Sin duda, como los hombre que transmitieron el cuerpo principal de la tradición religiosa judía, presentaban sus regulaciones e interpretaciones de la ley hasta remontarse a Moisés y fundamentarse en su autoridad. Y cuando Josefo nos explica que honraban el nombre del que les había dado la ley justo después del nombre de Dios, y castigaban con la muerte cualquier uso blasfemo o inadecuado de su nombre, probablemente se está refiriendo a Moisés (aunque recientemente se ha sugerido que este legislador en cuestión fue el Maestro de Justicia). Pero su existencia como comunidad no se puede remontar más allá de los últimos años del siglo II a.C. El primer esenio que ha dejado rastro en la historia es un hombre llamado Judá, que vivió en el reinado del rey asmodeo Aristóbulo I (104-103 a.C.) y que era famoso por su habilidad para predecir el futuro.

La etimología de la palabra «esenio» ha sido y sigue siendo tema de debate; pero es muy probable que derive de una palabra aramea que significa «piadoso» o «sagrado», correspondiendo en su sentido al hebreo *hasid*. De hecho, los esenios probablemente representan una línea de desarrollo del movimiento de los *hasidim*, que jugaron un papel destacado (como hemos visto) en la resistencia contra Antioco Epífanes. Otra línea de desarrollo se puede reconocer en el nacimiento y crecimiento del partido de los fariseos a partir de las últimas décadas del siglo II a.C. Pero ya hemos sugerido que el movimiento que encontró un líder en el Maestro de Justicia también nació de las filas de los *hasidim*.

Entonces, ¿cuál fue la relación entre los esenios y la comunidad de Qumrán? ¿Debemos identificar directamente los dos movimientos o existen otras conexiones cercanas entre los dos pero que no llevan a una identificación directa?

Casi desde los primeros días de los hallazgos en la Cueva 1 de Qumrán, se sugirió una identificación de la comunidad con los esenios. El profesor Sukenik fue uno de los primeros en hacerlo. El padre de Vaux identificó Khirbet Qumran como el cuartel general esenio mencionado por Plinio. El profesor Dupont-Sommer ha popularizado la idea en dos libros, titulados *Los rollos del mar Muerto* (1952) y *La secta judía de Qumrán y los esenios* (1954). Y otros muchos autores han apoyado esta hipótesis de que la comunidad de Qumrán era un grupo esenio.

¿Cuáles son los argumentos a favor de la identificación?

Ya hemos señalado el argumento geográfico a favor de la

identificación de Khirbet Qumran como el cuartel general esenio bajo el cual, según Plinio, se encuentra el pueblo de Engedi. Este argumento depende en cómo interpretemos la palabra «bajo», que puede significar a menor altura en relación con el nivel del mar, o más al sur, como en un mapa de orientación normal.

También existe un argumento cronológico: se sabe que los esenios florecieron durante la época de existencia de la comunidad de Qumrán; hicieron su aparición en la historia más o menos al mismo tiempo que se inició el movimiento de Qumrán, hacia finales del siglo II a.C., y aún seguían muy activos en la segunda mitad del siglo I d.C.

Más importante es el argumento basado en la similitud entre las creencias y las prácticas de los esenios, como las describen los autores contemporáneos, y las de la comunidad de Qumrán, como aparecen en su propia literatura.

Existen similitudes sorprendentes (que, sin embargo, no significan una identidad total) entre la dos con respecto al largo período de noviciado, los juramentos solemnes pronunciados en la iniciación, la disciplina estricta, las abluciones bautismales, las comidas en común, la organización jerárquica con la exacta observancia de las reglas de precedencia, el lugar de honor y de responsabilidad otorgado a los sacerdotes, la comunidad de bienes, la interpretación rigurosa de la ley del sabbath y la persecución de una nivel inusualmente alto y exacto de rectitud. Como deja claro la *Regla de la comunidad*, un castigo común en Qumrán era la reducción de raciones, de manera que podemos comprender con facilidad como un miembro cuya ofensa fuese tan seria que mereciese una retirada completa de raciones durante el tiempo suficiente corría el riesgo de morir de hambre, como explica Josefo. A veces las similitudes entre los dos códigos disciplinarios se extiende a temas que podemos considerar triviales; así la afirmación de Josefo de que los esenios evitaban escupir «en medio de ellos» o hacia la derecha tiene su paralela en la regulación en la *Regla de la comunidad* de que un hombre que «escupa en medio de la sesión de los muchos» debe ser castigado — ¿con la suspensión de compartir la comida comunitaria?— durante treinta días.

136

De la afirmación de Josefo de que «si se reúnen diez nadie hablará si nueve de ellos están en contra» podemos deducir razonablemente que diez era el grupo normal de su membresía, y eso nos recuerda que en Qumrán diez podían participar en las actividades regulares de la comunidad siempre que uno de los diez fuera un sacerdote. Pero como diez era un número habitual para las actividades comunitarias entre los judíos en general (en la actualidad es el quórum necesario para la congregación de la sinagoga entre los judíos ortodoxos), esta coincidencia no tiene mayor importancia.

El testimonio de Josefo sobre la intensidad de estudio de las antiguas escrituras por parte de los esenios, en especial los escritos proféticos, puede encontrar una amplia ilustración en los textos de Qumrán. Por otro lado, los ejemplos que da del don de profecía entre los esenios parecen triviales en comparación con la predicción de acontecimientos futuros, basándose en la interpretación de las profecías del Antiguo Testamento, que encontramos en los textos de Qumrán. Su referencia al interés de los esenios en los ángeles está en consonancia con la atención que se prestó en Qumrán a las obras judías tardías en las que los ángeles son figuras prominentes.

Hipólito explica que los esenios esperaban una conflagración universal en el momento del juicio final; esta creencia encuentra expresión en los *Himnos de acción de gracias* de Qumrán, en términos que sugieren una influencia zoroastriana:

> Se quemarán los cimientos de las montañas;
> las raíces de pedernal se convertirán en torrentes de brea:
> incluso devorará al gran abismo;
> los torrentes de Belial penetrarán en Abadón.

Pero, a pesar de todas estas similitudes y paralelos que se pueden aportar, no nos podemos sentir satisfechos con una identificación directa de la comunidad de Qumrán con los esenios. Como características principales de un cuerpo no están relacionadas en absoluto en nuestras fuentes de información con el otro, no podemos llegar a una conclusión irrefutable.

Además, no hay la menor duda que ambos cuerpos modificaron sus creencias y prácticas en alguna medida en el curso de los años, de manera que no deberíamos poner demasiado énfasis en las divergencias entre esenios y Qumrán en relación a la frecuencia y significado de las abluciones bautismales, a los años de duración del noviciado de un hombre, a la doctrina y los procedimientos sacrificiales, a la actitud hacia el gobierno (judío o gentil) y al uso de la fuerza. Aún así, existen tantos indicios en los escritos antiguos sobre una sorprendente variedad de grupos mesiánicos y bautistas con su cuartel general en el valle del Jordán y la región del mar Muerto que debemos ser cautelosos antes de realizar una identificación completa de estos dos grupos, de los que ahora estamos mucho mejor informados que de todos los demás.

Sin embargo, se podría realizar una identificación provisional de nuestros amigos de Qumrán con los esenios casados que menciona Josefo. Parece claro que la comunidad de Qumrán no abjuró del matrimonio, aunque mantenían una interpretación muy estricta de la ley matrimonial judía (prohibiendo la poligamia y la unión entre tíos y sobrinos). Pero si esta identificación provisional queda confirmada por futuras evidencias, hay que reconocer que estos esenios casados de Josefo eran unos esenios muy excepcionales, porque no sólo Plinio y Filón, sino también Josefo recogen el celibato como una de las características principales de los esenios en general. Es muy probable que Josefo utilizase el nombre «esenio» en un sentido más estrecho y en otro más amplio, y que sólo en el más amplio se pudiera incluir la comunidad de Qumrán bajo esta designación.

Los esenios sólo se mencionan en documentos griegos y latinos. Se podría plantear si la comunidad de Qumrán se podría identificar con algún grupo mencionado en la literatura rabínica judía, escrita en hebreo o en arameo. Aquí tampoco somos capaces de decir nada definitivo. Podemos pensar en esa gente conocida en la tradición rabínica como los «bañistas matinales» porque se dedicaban a una inmersión ritual al amanecer antes de pronunciar el nombre Dios, superando así la rectitud de los fariseos, con los que entraron en conflicto. Pero en vistas de la variedad de sectas bautistas en el judaísmo de esa época, un veredicto de «sobreseído por falta de pruebas» es todo lo que pueden garantizar nuestros conocimientos actuales.

Capítulo XI

QUMRÁN Y EL CRISTIANISMO

¿Qué le ocurrió a la comunidad de Qumrán después de abandonar su cuartel general en 68 d.C.? Ni las pruebas arqueológicas en el yacimiento ni el contenido de la biblioteca, por la naturaleza del caso, nos pueden dar una respuesta directa a la pregunta. Pero no es necesario que quede totalmente sin respuesta.

Es posible que los tormentos descritos por Josefo y que los romanos aplicaron a los miembros de la secta esenia para forzarlos a violar sus juramentos solemnes, fueran soportados por algunos de los fugitivos de Qumrán, así como por miembros de otros grupos similares. Pero al menos algunos escaparon con vida. Sus creencias y expectativas sufrieron inevitablemente considerables modificaciones a causa de los acontecimientos de 70 d.C., pero no cambiaron hasta el punto de resultar irreconocibles. Y existen algunas pruebas de que ciertas creencias y prácticas similares a las habituales en Qumrán reaparecieron en otras comunidades, posiblemente bajo la influencia de hombres de Qumrán que escaparon a la destrucción.

El profesor Oscar Cullmann, por ejemplo, ha señalado que habría que reconsiderar todo el tema de los orígenes de los mandeanos, una fascinante secta mesopotámica de creencias gnósticas y prácticas bautistas,[64] bajo la luz de las nuevas evidencias procedentes de Qumrán. Evidentemente este es un tema a reexaminar. Pero existe otra secta cuyas creencias y prácticas reclaman un nuevo estudio a la luz de los recientes descubrimientos. Se trata de la secta ebionita, formada por judeocristianos que se desviaron considerablemente no sólo de

---

[64] Cf. *The Growing Day* [*El día creciente*], p. 182.

la corriente principal de la cristiandad católica, sino también del cristianismo contemplado en el Nuevo Testamento, incluso en sus etapas iniciales y más judías.[65] Ahora existen algunas razones para suponer que muchas de estas desviaciones ebionitas, en doctrina y prácticas, fueron introducidas bajo la influencia de hombres de Qumrán en los años que siguieron a 70 d.C.

Se nos ha explicado que antes de que empezase el asedio de Jerusalén, los discípulos de Jesús en esa ciudad, creyendo en el desastre inminente, huyeron a Pella, al este del Jordán. Realmente no sería sorprendente que allí se les uniesen otros que huían de la venganza romana. Que entre ellos se encontrasen refugiados de Qumrán resulta de lo más probable por las sorprendentes afinidades en pensamiento y práctica que se han detectado al comparar partes de la posterior literatura ebionita con la literatura de Qumrán. Sería ir demasiado lejos afirmar que el ebionismo representa una amalgama del primitivo judeocristianismo y el sistema de Qumrán, porque el ebionismo siguió siendo fundamentalmente cristiano; pero el énfasis y la dirección particulares que convirtieron el cristianismo ebionita en algo tan característico se puede explicar de forma bastante convincente por la incorporación de restos de Qumrán. Dos estudiosos europeos que le han dedicado una atención especial a esta posibilidad fascinante son el profesor Cullmann[66] y el profesor H.J. Schoeps,[67] que ya

---

[65] Cf. *The Growing Day* [*El día creciente*], pp. 172 y ss. El hecho de que los fieles de Qumrán, como los judeocristianos, se llamasen a sí mismo *'ebyonim* (es decir, los «pobres») es uno de los argumentos del Dr. Teicher para identificar a los dos grupos.

[66] Un argumento especialmente importante de la incorporación de los restos del movimiento de Qumrán en esta corriente del cristianismo judío lo presenta el profesor Cullmann en su ensayo «Die neuentdeckten Qumran-Texte und das Judenchristentum der Pseudoklementinen» [«Los textos de Qumrán recién descubiertos y el judeocristianismo de los pseudoclementinos»], contribución a un volumen reciente de *Neutestamentliche Studien* dedicado a Rudolf Bultmann (1954), pp. 35 y ss. Cf. también su artículo sobre «The Significance of the Qumran Texts for Research into the Beginnings of Christianity» [«El

habían ganado una reputación como autoridades en el campo del ebionismo antes de la aparición de los rollos del mar Muerto.

Pero no importa lo interesante que sea esta cuestión, porque por el momento existe otra aún más interesante. ¿Tuvo la comunidad de Qumrán alguna influencia sobre el cristianismo, o al menos mantuvo algún contacto con él, *antes* de la dispersión del año 68 d.C.? Si (como parece probable) la comunidad de Qumrán fue establecida antes del nacimiento de Cristo, ¿está el cristianismo de alguna manera en deuda con ella? Y en un sentido más general, ¿los hallazgos de Qumrán nos ofrecen ayuda en la comprensión del Nuevo Testamento?

Cuando se anunció el descubrimiento de los rollos, muchos creyeron que su principal importancia se encontraría en la nueva luz que podían arrojar sobre la historia del texto del Antiguo Testamento. Y, como se ha indicado en un capítulo anterior, la luz que han arrojado sobre este campo de estudio es de gran valor. Pero con la aparición y el examen de tantos documentos procedentes de las zonas vecinas y de la excavación de Khirbet Qumran, el énfasis ha cambiado progresivamente del Antiguo Testamento hacia el Nuevo Testamento. En toda la literatura que ha aparecido a raíz de los descubrimientos de Qumrán no se ha producido una interpretación errónea de los hechos mayor que la expresada por el señor Edmund Wilson en *The Scrolls from the Dead Sea* [*Los rollos del mar Muerto*] (p. 131): «Parece que los estudiosos del Nuevo Testamento, casi sin excepción, han boicoteado todo el tema de los rollos». Leí estas palabras con la mayor sorpresa porque pocas semanas antes había asistido a la reunión de 1955 de la internacional *Studiorum Novi Testamenti Societas* [*Sociedad de estudio del Nuevo Testamento*], en la que ningún otro tema levantó una discusión más animada que las implicaciones de Qumrán para el estudio del Nuevo

significado de los textos de Qumrán para la investigación de los inicios del cristianismo»] en el *Journal of Biblical Literatura*, 74 (1955), pp. 213 y ss.

[67] Cf. su *Urgemeinde, Judenchristentum, Gnosis* [*Comunidad primitiva, judeocristianismo, gnosis*] (1956), pp. 69 y ss.

Testamento. Una mirada al índice de dos revistas fundadas recientemente, *New Testament Studies* (Cambridge) y *Novum Testamentum* (Leiden), es suficiente para mostrar la falta de fundamento de la afirmación del señor Wilson. Uno no puede pedir de un no especialista el tipo de conocimientos que sólo se puede esperar que posea un especialista; pero uno espera un grado más alto de precisión en los hechos.

Las opiniones difieren ampliamente sobre la influencia que los hallazgos de Qumrán pudieron tener en la aparición y los primeros progresos del cristianismo. Y la razón de estas amplias diferencias de opinión es bastante sencilla. Resulta que entre los documentos publicados hasta el momento no ha salido a la luz ninguna evidencia clara que sostenga un contacto directo con los orígenes cristianos. Todo depende de diversas interpretaciones individuales por parte de aquellos que han estudiado los textos. Así, por un lado, el padre Kevan Smyth, un estudioso jesuita irlandés, afirma que comparar los rollos con el Nuevo Testamento sin tener en cuenta la riqueza de informaciones relevantes procedente de la literatura tardía sobre el Antiguo Testamento, los apócrifos, los seudoepigráficos y la rabínica «es como comparar un pez y un hombre porque ambos están mojados cuando salen del mar». Contra aquellos que han visto en Qumrán el fermento del que surgió el cristianismo, afirma: «al contrario, fue de un fermento como ese de donde surgieron las espinas que intentaron ahogar la semilla del Evangelio.»[68]

Por el otro lado, tenemos al Dr. J.L. Teicher que sostiene que el Maestro de Justicia no era otro que Jesús, mientras que la comunidad de Qumrán estaba formada por judeocristianos del tipo habitualmente conocidos como ebionitas. Los argumentos del Dr. Teicher, que han aparecido publicados en numerosos números del *Journal of Jewish Studies*, no han convencido a otros estudiosos, aunque ha comentado la situación paradójica de que él, un estudiosos judío, se encuentre defendiendo la originalidad de Jesús contra algunos estudiosos cristianos que ven en el Maestro de Justicio a alguien que anticipó las

---

[68] *The Irish Digest*, junio de 1956, pp. 31-34 (resumido de *Studies*).

enseñanzas, la pasión y las pretensiones mesiánicas de Jesús, y que han visto en la comunidad de Qumrán un esbozo de la iglesia cristiana primitiva.

Entre los estudiosos que han adoptado esta última postura se encuentran el profesor Dupont-Sommer y el señor J.M. Allegro. Hemos mencionado algunos de sus argumentos en el capítulo sobre el «Maestro de Justicia». El profesor Dupont-Sommer concluye que «el Maestro galileo, como se nos presenta en los escritos del Nuevo Testamento, aparece en muchos aspectos como una sorprendente reencarnación del Maestro de Justicia».[69] El señor Allegro afirma que las expectativas de la Iglesia primitiva respecto a la Segunda Venida de Cristo «son extraordinariamente parecidas a las de la secta sobre su propio Maestro, perseguido y crucificado, y que se esperaba que resucitase como Mesías sacerdotal». Y añade: «Ahora parece probable que la Iglesia asumiese la forma de vida de la secta, su disciplina, gran parte de su doctrina y ciertamente buena parte de su fraseología, en la que ahora se ha visto que abunda el Nuevo Testamento.»[70]

Visiones como éstas fueron popularizadas por el señor Wilson en el libro mencionado más arriba; basándose en la fuerza de las mismas se atreve a sugerir que Khirbet Qumran «es quizá, más que Belén o Nazaret, la cuna del cristianismo» (p. 129). Y sin duda fue basándose en la fuerza de semejantes posturas que un distinguido arqueólogo escribió en el transcurso de un artículo sobre Khirbet Qumran publicado el 3 de septiembre de 1955 en el *Illustrated London News*: «Juan el Bautista era casi con toda seguridad un esenio y debió estudiar y trabajar en este edificio; indudablemente derivó de ellos la idea de la inmersión ritual o bautismo. Muchas autoridades consideran que el propio Cristo también estudió con ellos durante algún tiempo. Si fue así, entonces tenemos en este

---

[69] *Aperçus préliminaires sur les Manuscrits de la Mer Morte* [*Compendio preliminar sobre los manuscritos del mar Muerto*] (1950), p. 121. Cf. la traducción inglesa, *The Dead Sea Scrolls* (1952), p. 99.

[70] *The Radio Times*, 13 de enero de 1956, p. 9. Véase su carta a *The Times*, 20 de marzo de 1956.

pequeño edificio algo único, porque es el único de todos los restos antiguos en el Jordán, que ha permanecido sin cambios, es más, oculto y desconocido, hasta nuestros días. En consecuencia, estos son los muros que Él vio, los pasillos y las habitaciones por las que Él paseó y en las que Él se sentó...» Esto no son más que teorías, aunque la teoría de la relación de Juan el Bautista con Qumrán es menos improbable que la de que nuestro Señora viviera allí. Pero cuando una muy conocida autoridad en arqueología plantea semejantes teorías en términos tan poco específicos, el lector ordinario supondrá razonablemente que deben existir pruebas arqueológicas que las apoyen, y hasta el momento no hay ninguna.

En la medida en que las teorías de este tipo se basan en la suposición de que el Maestro de Justicia pretendió ser un Mesías, o que sus seguidores creyeron que lo eran, ya las hemos tratado en este libro; y resultará suficiente repetir aquí que no existe ninguna evidencia[71] de que el Maestro pretendiese serlo en ningún momento, o que sus seguidores lo creyeran una figura mesiánica. No conocemos las circunstancias de su muerte, o de su «recogida» para utilizar la terminología de Qumrán. Ni tampoco se sugiere en los textos publicados que sus seguidores atribuyeran ningún significado especial a su muerte. Si creían que resucitaría antes de la resurrección general que Daniel 12:2 les indicó que esperaran, en ese caso creían que su ministerio tras la resurrección sería una preparación para la llegada inminente de los Mesías de Aarón e Israel. Su expectativa correspondía a la espera que muchos de

---

[71] Las palabras «no existe ninguna evidencia» se refieren evidentemente al momento en que fueron escritas estas páginas, y (como otras muchas cosas en este libro) necesitará una revisión a la luz de nuevas informaciones. En su libro el señor Allegro dice que los sectarios de Qumrán dieron al esperado Mesías sacerdotal los nombres de «Maestro de Justicia» e «Intérprete de la Ley», y deduce de ello que creían que el Mesías sacerdotal sería el Maestro de Justicia resucitado. Los textos relevantes se publicarán muy pronto y entonces se podrán evaluar las pruebas. Pero resulta dudoso que el Maestro de Justicia sea el mismo que el «Intérprete de la Ley», o «Expositor de la Ley», que es como se ha traducido anteriormente la expresión. (*cf.* pp. 89-90)

sus compatriotas judíos atribuían al profeta Elías. Elías, como era ampliamente conocido (sobre la base de Malaquías 4:5 y ss.), regresaría un día a la tierra desde el reino hacia el que había sido arrebatado en un torbellino tantos siglos antes; y su vuelta sería una señal de la cercanía del «día grande y terrible del Señor» para el que su ministerio prepararía al pueblo. Jesús enseñó a Sus discípulos que reconociesen el cumplimiento de esta expectativa en el ministerio de Juan el Bautista, Su propio precursor. Pero en apariencia la secta de Qumrán lo relacionaba con la expectativa de la resurrección de su propio Maestro, aunque no hay nada que sugiera que creyesen que el Maestro, incluso después de su resurrección, fuera la reencarnación de Elías.[72] Fuera como fuese, el Maestro era a sus ojos el que iba a preparar el camino para la era mesiánica, y no un personaje mesiánico él mismo.

Por eso, el profesor Cullmann va demasiado lejos cuando dice que si Jesús conocía al Maestro de Justicia, probablemente lo incluyó en la condenación radical de Juan 10:8: «Todos los que antes de mí vinieron, ladrones son y salteadores». Si el Maestro hubiera tenido aspiraciones mesiánicas para sí mismo, sin ninguna duda habría quedado incluido en la condena, pero también es cierto que Jesús no quiso caracterizar a los profetas y a los hombres justos de la época anterior como «ladrones y salteadores». De hecho, podemos estar de acuerdo en que el Maestro fue en realidad un preparador del camino para el Mesías, aunque no en un sentido que él o sus discípulos pudieran reconocer en aquel momento.

Aquellos que niegan con tanto énfasis el carácter mesiánico del Maestro de Justicia no están necesariamente movidos por los prejuicios o por una preferencia excesiva por sus tradiciones aceptadas; su preocupación en esta etapa se centra más bien en la necesidad de que los estudiosos no deben ir por delante de las pruebas documentales. Pero, por el otro lado, a aquellos estudiosos, como el profesor Dupont-Sommer, que plantean

---

[72] Tampoco lo identificaron con el otro profeta escatológico: el segundo Moisés que era esperado en el tiempo del cumplimiento en Deuteronomio 18:15. Véase pp.85-89.

hipótesis que sus colegas creen que no tienen fundamento, tampoco se les deben atribuir motivos espurios, como pensar (por ejemplo) que están demasiado ansiosos por negar la originalidad de Jesús y el elemento de revelación divina en el cristianismo. Los estudiosos pueden estar en violento desacuerdo por sus interpretaciones y enfrentarse en debates vigorosos; de esta forma se consigue progresar mucho más que por un acuerdo silencioso aunque se difiera. Pero cuando se lanzan sospechas sobre la integridad intelectual o la pureza de sus motivos, se coloca una barrera en el camino del intercambio fértil de las mentes al que debe tanto el progreso del conocimiento.

El desierto de Judea, en el que los miembros de Qumrán establecieron su lugar de retiro, aparece de vez en cuando en la narración de los Evangelios. Fue allí (según Mateo 3:1) donde Juan el Bautista inició su predicación pública; fue allí donde Jesús pasó los cuarenta días de tentación (Mateo 4:1); también fue allí donde Jesús pasó unos pocos días de tranquilidad con Sus discípulos antes de Su última visita a Jerusalén (Juan 11:54). Pero el desierto de Judea era una zona mucho más amplia que la vecindad inmediata de Qumrán y era posible pasar bastante tiempo en el desierto sin entrar en contacto con la comunidad de Qumrán.

Aún así, algunas posibilidades son más probables que otras. Y poco se puede decir, en términos de probabilidad, contra la posibilidad que Juan el Bautista en alguna fase de su carrera tuviera algún contacto con los miembros de Qumrán o con personas muy parecidas. Al final del relato de Lucas sobre el nacimiento y la infancia de Juan dice que «Y el niño crecía y se fortalecía en espíritu, y estuvo en lugares desiertos hasta el día de su manifestación a Israel» (Lucas 1:80). Las implicaciones de estas palabras es que, durante una serie de años antes de iniciar su ministerio bautismal, Juan residió en el desierto de Judea. Ahora bien, si un joven nacido en una ciudad de Judea y que después iba a estar activo en el valle del Jordán encontró un retiro agradable en esa zona, no debió ser muy lejos de las inmediaciones de Qumrán. Y alguien que era de origen sacerdotal, como lo era Juan, habría encontrado un atractivo especial en un movimiento que otorgaba tanta importancia a la preservación del verdadero sacerdocio.

Otro contacto más entre Juan y Qumrán se podría encontrar en su enseñanza y práctica bautismales. Pero resulta un hecho curioso que el relato de Josefo sobre las enseñanzas bautismales de Juan se parece mucho más a la doctrina de Qumrán que el mismo relato en el Nuevo Testamento. Cuando leemos en la *Regla de la comunidad* que el hombre impuro y rebelde en su corazón no puede esperar que quede limpio con la limpieza ritual con agua, nos recuerda la afirmación de Josefo de que Juan «enseñaba que el bautismo sería aceptable para Dios si se sometían a él no para procurar el perdón de ciertos pecados sino con vistas a la purificación del cuerpo una vez que el alma ha sido purificada por la rectitud». La afirmación de Josefo difiere, al menos en el énfasis, de la descripción del bautismo de Juan por parte del Nuevo Testamento como «un bautismo de arrepentimiento por la remisión de los pecados». Podría ser que Josefo, que no nació hasta ochenta años después de la muerte de Juan, interpretase su actividad bautismal en función de una doctrina bautismal con la que él estaba mucho más familiarizado: la doctrina de los esenios. Pero si esto es así, se deduciría que la doctrina bautismal de Juan representaba una desviación —quizá deliberada— de la de los miembros de Qumrán y de otros esenios.

Juan era un asceta; vino, según se nos cuenta, «sin comer pan ni beber vino» (Lucas 7:33). Los miembros de Qumrán también eran ascetas, pero no hasta ese extremo. Con toda seguridad, sus alimentos eran sencillos y comían con moderación, pero no los redujeron a langostas y miel salvaje como hacía Juan.[73] Juan proclamaba la necesidad urgente de arrepentimiento, porque «vendrá Uno» para ejecutar el juicio purificador con viento y fuego. Los miembros de Qumrán también pensaban en términos de un juicio inminente, pero no

---

[73] Por supuesto, si uno estuviera escribiendo ficción histórica, sería posible explicar que Juan fue excomulgado del grupo y, en vistas de los votos estrictos pronunciados en la iniciación, no podía comer ningún otro tipo de alimentos.

eran los únicos que lo hacía, y no lanzaron ningún llamamiento público al arrepentimiento nacional, como hizo Juan.

Es posible que Juan tuviera algún contacto con la comunidad de Qumrán; incluso pudo pertenecer a ella durante algún tiempo. Aunque por el momento no existe ninguna prueba real de ello, pero si saliese a la luz alguna evidencia de esta posibilidad, será bienvenida por una serie de estudiosos como la confirmación de algo que ya habían sospechado. Un estudioso sudafricano[74] incluso encuentra indicios en los dos primeros capítulos del Evangelio de san Lucas de que el pasaje ya citado («Y el niño crecía y se fortalecía en espíritu, y estuvo en lugares desiertos hasta el día de su manifestación a Israel») representa la comprensión de un relato mucho más amplio. Según este relato más amplio, cree que los padres de Juan (que ya tenían bastantes años cuando nació) murieron cuando era muy joven y fue adoptado y criado por los esenios de Qumrán. No es descartable. Pero en el estado actual de nuestros conocimientos, una reconstrucción de ese tipo pertenece más al reino de la ficción histórica que al de la historia real.

Pero aunque Juan esté en deuda con la comunidad de Qumrán, o con cualquier otro grupo esenio, el ministerio por el que Juan dejó huella no se puede incorporar al marco esenio. Él se describe a así mismo como una voz gritando a Israel:

Voz que clama en el desierto; preparad camino a Jehová; enderezad calzada en la soledad a nuestro Dios.

Estas palabras de Isaías 40:3 ya habían sido invocadas por los miembros de Qumrán como autoridad divina para su retirada al desierto. Pero Juan las utilizó con un sentido nuevo. La intervención divina predicha por el profeta, de la que el regreso del exilio en tiempos de Ciro no era más que una etapa preliminar, estaba a punto cumplirse. Y fue un nuevo impulso

---

[74] A.S. Geyser, «The Youth of John the Baptist» [«La juventud de Juan el Bautista»], *Novum Testamentum*, 1 (1956), pp. 70 y ss. Cf. W.H. Brownlee, «John the Baptist in the New Light of Ancient Scrolls» [«Juan el Bautista a la nueva luz de rollos antiguos»], *Interpretation*, 9 (1955), pp. 71 y ss.

el que obligó a Juan a «preparar al Señor un pueblo bien dispuesto» (Lucas 1:17). Su ministerio es distintiva y esencialmente un ministerio profético. Y cuando «vino palabra de Dios a Juan en el desierto» (Lucas 3:2), como había llegado a tantos profetas antes que él, aprendió y proclamó la necesidad de algo más que la enseñanza o la acción de Qumrán. Si con anterioridad había estado asociado a esa comunidad o a otro similar, había llegado el momento de romper con ellos y seguir una senda nueva, que le había marcado Dios. Las multitudes que se acercaban al valle del Jordán para escucharle lo hacían porque reconocían en su predicación una nota de autoridad que no se había oído en Israel desde hacía mucho tiempo; «todos tenían a Juan como un verdadero profeta» (Marcos 11:32). No es como discípulo del Maestro de Justicia, sino como un nuevo maestro de justicia que tiene sus propios seguidores, como conocemos al Juan el Bautista histórico.

Si el estado actual de nuestros conocimientos no nos permite hablar más positivamente sobre el posible contacto entre Juan el Bautista y Qumrán, ¿qué podemos decir sobre el propio Jesús a este respecto? Al menos Juan era un asceta; pero Jesús, según Su propio testimonio, no lo era. A aquellos que encontraban falta en el ministerio de Juan y en el Suyo, les dijo: «Vino Juan, que ni comía ni bebía, y dicen: Demonio tiene. Vino el Hijo del Hombre, que come y bebe, y dicen: He aquí un hombre comilón y bebedor de vino, amigo de publicanos y de pecadores». No existe ningún rastro de Qumrán en esta forma de vida. Por otro lado, sabemos que Juan vivió en el desierto antes de iniciar su ministerio público; por lo que sabemos hasta el momento, Jesús vivió en Galilea sin interrupción desde Su infancia hasta Su bautismo, excepto por una visita ocasional a Jerusalén para una festividad. Jesús llegó desde Nazaret para ser bautizado por Juan, y sólo después de eso se retiró al desierto de Judea. Los cuarenta días que pasó allí en ayuno no le debieron ofrecer demasiadas oportunidades para iniciarse en la sabiduría de Qumrán, si es que los pasó en algún lugar de las cercanías. (La ubicación tradicional de la tentación se sitúa a casi cinco kilómetros al noroeste de Jericó, pero esto no tiene ninguna importancia.) Las tentaciones que experimentó en el desierto se explican habitualmente (y sin duda de forma correcta) como tentaciones para alcanzar Su destino mesiánico por otro camino que no fuera el del Siervo Sufriente, que le fue marcado en Su bautismo; y entre todos los demás caminos que repudió se deberán incluir ciertos aspectos del de Qumrán.

Resulta fácil repasar las enseñanzas de Jesús y elaborar listas de paralelos —algunas de ellas bastante impresionantes— con lo que encontramos en los textos de Qumrán. Este tipo de análisis ya se ha realizado en relación con los Evangelios y la literatura rabínica. Se sabe desde hace mucho tiempo que se pueden encontrar algunos paralelos en el Talmud de prácticamente todos los elementos de la enseñanza ética de Jesús. Resulta frívolo alarmarse por eso, como si la originalidad de Jesús y la autoridad divina del cristianismo se vieran en peligro pero dicho reconocimiento. Porque Él aceptó la misma revelación bíblica que los miembros de Qumrán y los rabíes de la corriente principal de la tradición judía, y sería sorprendente que no se encontrase ninguna afinidad entre sus interpretaciones de esa revelación, en la que se basaban sus enseñanzas.

Con frecuencia se ha señalado, por ejemplo, que en Su interpretación de la ley matrimonial del Antiguo Testamento nuestro Señor se acercaba a la escuela farisea de Shammai más que a la de Hillel, lo que resulta sorprendente para algunas porque en general el fariseísmo que Él condena es el de la escuela de Shammai. Aún así, existía una diferencia importante entre Su actitud y la de ambas escuelas fariseas. Porque las diferencias entre Shammai y Hillel en este aspecto nacen de la interpretación divergente de la prescripción legal de Deuteronomio 24:1-4, donde se permite el divorcio a causa de «alguna cosa indecente» en la mujer. Las dos escuelas no estaban de acuerdo en la definición de «alguna cosa indecente». Pero nuestro Señor rechazó esta prescripción legal como una concesión temporal dispuesta a causa de la dureza de corazón de los hombres, e insistió en que la ley matrimonial se debía interpretar a la luz del propósito original de la institución: «Pero al principio de la creación, varón y hembra los hizo Dios... Por tanto, lo que Dios juntó, no lo separe el hombre» (Marcos 10:6-

151

9). A esas palabras encontramos una mayor similitud verbal en uno de los textos de Qumrán que en cualquiera de las fuentes rabínicas. En un pasaje de la *Admonición* zadokita ciertas personas son condenadas «por tomar dos esposas durante su vida, porque el principio básico de la creación es "varón y hembra los creó Dios" y los que entraron en el arca "entraron en el arca de dos en dos"». Aquí se encuentra el recurso a la institución del matrimonio por el Creador, como en la enseñanza de Jesús. Pero el parecido puede ser exclusivamente verbal. La *Admonición* condena más bien la poligamia que el divorcio (el divorcio bajo ciertas condiciones está permitido en las *Leyes* zadokitas); y lo que está atacando realmente el autor de la *Admonición* es la enseñanza de aquellos rabíes que permitían la poligamia. Para él la poligamia es una forma de fornicación, y lo mismo le parece otra práctica permitida por dichos rabíes: el matrimonio entre tíos y sobrinos.

Cuando llegamos a la interpretación de la ley del sabbath (que fue la primera que condujo a un enfrentamiento abierto entre Jesús y los rabíes de Su época), ni siquiera encontramos una similitud verbal entre los Evangelios y los textos de Qumrán. En los Evangelios se da por supuesto que incluso los rabíes más estrictos permitían que se rescatase un animal doméstico si caía en una zanja o en una cisterna durante el día del sabbath. Pero las regulaciones del sabbath en las *Leyes* zadokitas son mucho más restrictivas. Bajo dichas condiciones se podía rescatar a un ser humano pero no a un animal. «Que nadie asista a un animal de parto en el día de sabbath. Incluso si tira al recién nacido a una cisterna o a una zanja, no lo saquéis durante el sabbath.» Alrededor de veinticinco regulaciones sobre el sabbath aparecen en las *Leyes* zadokitas y resultan totalmente incompatibles con la actitud expresada por las palabras de Jesús: «El sabbath fue hecho por causa del hombre, y no el hombre por causa del sabbath» (Marcos 2:27). Porque la interpretación de Jesús de la ley del sabbath, como de la ley matrimonial, se basaba en el propósito para el que fue originalmente instituido el sabbath.

Un punto de contacto verdaderamente interesante entre los textos de Qumrán y el Nuevo Testamento ha sido subrayado en los últimos tiempos por una serie de estudiosos, en especial por el profesor W.F. Albright en su libro *The Archeology of Palestine* [*La arqueología de Palestina*] y en el artículo sobre «Recent Discoveries in Palestine and the Gospel of St. John» [«Descubrimientos recientes en Palestina y el Evangelio de san Juan»], incluido en *The Background of the New Testament and its Eschatology* [*El trasfondo del Nuevo Testamento y su escatología*] (un volumen de ensayos publicado en 1956 en honor del profesor D.H. Dodd).[75] Este punto de contacto se encuentra en una comparación del vocabulario propio del cuarto Evangelio con el de algunos documentos de Qumrán. Expresiones juaninas tan características como «los hijos de la luz», «la luz de la vida», «andar en tinieblas», «haciendo la verdad», «las labores de Dios» aparecen en los escritos de la comunidad de Qumrán.[76] Como la comunidad de Qumrán, Juan ve el universo en función de un fuerte contraste entre luz y tinieblas, bien y mal, verdad y mentira. Si la conclusión del profesor Albright resulta válida, que Juan (al igual que otros autores del Nuevo Testamento) «bebieron de una misma reserva de terminología e ideas que eran bien conocidas de los esenios y presumiblemente familiares también para las demás sectas judías de la época», los estudiosos se sentirán menos inclinados a relacionar estas características con fuentes helenísticas. Algunos podrían pensar en este momento en la alta probabilidad de que el Discípulo Amado fuera un seguidor de Juan el Bautista antes de ser llamado por Jesús. Pero estas afinidades en el vocabulario no deben hacer que pasemos por alto los elementos nuevos en el uso que hace Juan de esos términos. Cuando habla de la luz verdadera, no está pensando en abstracciones; principalmente no está relacionado con un cuerpo de enseñanzas o una comunidad sagrada; para él luz

---

[75] Sin embargo, habrá que tener en mente que prácticamente cada nuevo descubrimiento sobre la historia religiosa de esta zona se ha presentado como la solución al «problema del cuarto Evangelio».

[76] Véase también Lucetta Mowry, «The Dead Sea Scrolls and the Gospel of John» [«Los rollos del mar Muerto y el Evangelio de Juan»], *The Biblical Archeologist*, 17 (1954), pp. 78 y ss.

verdadera es idéntica a Jesucristo, el Verbo hecho carne. Y el profesor Albright enfatiza sabiamente el «amplio golfo entre las doctrinas de los esenios y lo esencial de las enseñanzas juaninas». Él señala cuatro elementos esenciales en las enseñanzas de Juan (y también de las enseñazas de los Sinópticos y de Pablo); estos se refieren a la función del Mesías, la salvación de los pecadores, el ministerio de sanación y el evangelio del amor.

Las abluciones rituales de Qumrán se establecieron sin lugar a dudas a la luz de las promesas de Dios en Ezequiel 36:25 de que Él purificaría a Su pueblo de su inmundicia esparciendo agua limpia sobre ellos. La misma promesa también fundamenta las palabras de Jesús a Nicodemo en Juan 3:5 sobre la necesidad de un nuevo nacimiento «de agua y del Espíritu» para cualquiera que quisiera entrar en el reino de Dios. Pero en este último caso el nuevo nacimiento está unido a la fe en Jesús y en la unión consecuente con Él y en compartir Su vida eterna. Jesús había llenado las antiguas palabras con un contenido nuevo.

Semejantes características de la primitiva vida cristiana como el bautismo y el partimiento del pan, las reglas de compañerismo explicadas en Mateo 18, la comunidad de bienes en la primitiva iglesia de Jerusalén, el gobierno del grupo por apóstoles, ancianos y encargados de las finanzas, tienen su analogía en la organización de Qumrán. Pero su significado dentro de la comunidad cristiana está controlado por la persona y la obra de Jesús. Este Mesías se diferenciaba de cualquier tipo de Mesías esperado en Qumrán o en cualquier otro lugar de Israel en esa época, y todo lo que acompañaba a la expectativa mesiánica vio transformado su significado a la luz de Sus logros mesiánicos.

Los miembros de Qumrán estaban unidos mediante un nuevo pacto, pero no era tan nuevo como pensaban; era una reafirmación especialmente solemne y vinculante del antiguo pacto de la época de Moisés, mediante el cual el pueblo de Israel se obligaba a obedecer la ley de Dios. Lo que el pueblo en su conjunto no había sido capaz de cumplir, lo harían ellos como los justos de Israel dentro de Israel, y lo harían con tal fidelidad que su obediencia compensaría la desobediencia de sus hermanos. Pero la nueva era que estaban esperaban era una revitalización de los mejores ideales de los tiempos antiguos. Esperaban un templo nuevo, un culto puramente sacrificial y la reinstauración de un sacerdocio digno; pero el templo seguiría siendo un edificio construido por manos humanas, el culto sacrificial seguiría implicando la matanza de bueyes y cabras, el sacerdocio seguiría confinado a los hijos de Aarón. Aquí no encontramos nada que tenga una afinidad con la narración juanina de Cristo transformando las aguas de la purificación judía en el vino de la nueva era. En Qumrán los cuadros de sacerdotes y levitas eran preservados con todo cuidado con vista al día en que podrían reanudar su servicio en Jerusalén; no existe nada parecido en el cristianismo primitivo. En los primeros días de la iglesia de Jerusalén, se nos dice que «muchos de los sacerdotes obedecían a la fe» (Hechos 6:7); pero no existe el más mínimo indicio de que conservasen su categoría y privilegios sacerdotales dentro de la comunidad cristiana.

Como ya hemos visto, de forma similar no puede haber ninguna comparación entre el Mesías de Aarón esperado por los miembros de Qumrán y el Sumo Sacerdote según el orden de Melquisedec que se retrata en la Epístola a los Hebreos.

¿Pero qué ocurre con el Mesías davídico —el Mesías de Israel—, al que también estaban esperando?

El Mesías davídico, según la expectativa de Qumrán, surgiría en los últimos días para liberar a Israel, nacido del seno de la comunidad de los justos. Sería el capitán victorioso de los hijos de la luz en el último conflicto con los hijos de las tinieblas, y en la nueva era que seguiría a su victoria disfrutaría de una posición de príncipe, sólo por detrás del Mesías sacerdotal.

En su esencia, esta expectativa de una Mesías davídico era compartida por muchos israelitas (probablemente por la mayoría). Y Jesús repudió sin reservas este tipo de mesianismo siempre que tuvo ocasión, desde los días de la tentación en el desierto hasta Su muerte. Él no negaba que fuera el Mesías del linaje de David, pero no pretendió aparecer públicamente de esta manera, y le prohibió a Sus discípulos que lo hicieran en su nombre, porque sabía que sería malinterpretado. Es más, Su rechazo a aceptar la realeza que el pueblo de Galileo intentó forzarlo a aceptar provocó una desilusión considerable entre muchos de Sus seguidores a partir de ese momento. Si hubiera visto Su tarea mesiánica como el inicio de una guerra santa, habría encontrado a miles de seguidores entusiastas y devotos. Pero no existe la menor duda de que rechazó la simple concepción de una guerra de ese tipo —ya fuera en la forma inmediata de los zelotas o en la forma aplazada de Qumrán— a favor del camino del Siervo Sufriente.

Los miembros de Qumrán se habían atribuido el cumplimiento del papel del Siervo, pero no parece que hubieran pensado en ninguna otra figura mesiánica que pudiera cumplirlo. Jesús, por el otro lado, tomó sobre sí mismo el cumplimiento del papel del Siervo como la verdadera esencia de Su misión mesiánica. Él combina en Su persona las funciones de Profeta, Sacerdote y Rey; Siervo del Señor, Hijo del Hombre y Maestro de Justicia. En Él la esperanza de Israel llega a su consumación, pero de una forma que supera todas sus expectativas. «De este», dice uno de Sus discípulos (y todos los demás debían estar de acuerdo), «dan testimonio todos los profetas, que todos los que en él creyeren, recibirán perdón de pecados por su nombre» (Hechos 10:43). Y si es verdad que, tras verse forzados a abandonar el cuartel general de su comunidad, algunos de los miembros de Qumrán hicieron causa común con los refugiados de la iglesia de Jerusalén, es posible que se dieran cuenta que las esperanzas que mantuvo su comunidad durante tanto tiempo se habían cumplido no de la forma que habían esperado, sino mediante la muerte y la resurrección de Jesús de Nazaret.

Noble como era la misión de la comunidad de Qumrán, desempeñar el papel del Siervo del Señor, dicho papel nunca se hubiera podido desarrollar adecuadamente mediante el alejamiento del contacto con los pecadores. El Siervo perfecto, cuando vino, fue criticado porque dio la bienvenida a los pecadores y aceptó las invitaciones para ir a sus hogares. Pero los fariseos, que lo criticaron entonces, también habrían sido criticados por los hombres de Qumrán por su separación inadecuada de los pecadores. Pero, si los pecadores debían ser liberados de su pecado y transformados en hombres y mujeres nuevos, lo tendría que hacer alguien cuya amistad hacia ellos fuera real, sencilla e ilimitada. Él, que fue llamado el amigo de los pecadores durante Su vida, ha sido conocido desde entonces como el amigo de los pecadores.

Ernest Renan describe el cristianismo como «un esenismo que ha tenido un gran éxito».[77] ¿Por qué triunfó cuando desapareció el esenismo? En parte, habría que decir, porque contenía todo lo que era de gran valor en el esenismo, además de otras muchas cosas más. Pero, sobre todo, el cristianismo debe no sólo su supervivencia sino su mismo ser y carácter a Jesús. La comunidad de Qumrán le debe mucho a la figura enigmática del Maestro de Justicia y a su interpretación original e inspiradora de las profecías. Pero Jesús no sólo interpretó las profecías del Antiguo Testamento, sino que puso en práctica Sus interpretaciones y se convirtió Él mismo en el cumplimiento de las profecías del Antiguo Testamento. Este cumplimiento no terminó con Su muerte y resurrección, sino que sigue adelante con Su ministerio permanente a través de Sus seguidores, mientras sigan llevando con Su Espíritu la carga depositada hace mucho tiempo sobre el Siervo (Isaías 49:6):

También te di por luz de las naciones,
para que seas mi salvación hasta lo postrero de la tierra.

---

[77] *Histoire du peuple d'Israël* [*Historia del pueblo de Israel*], v (1893), p. 70.

EPÍLOGO

Cuando este libro entraba en imprenta, empezaron a circular rumores persistentes del hallazgo de más manuscritos importantes en Qumrán. Uno de los rumores habla de manuscritos de gran importancia que han sido descubiertos en una undécima cueva en la zona, incluyendo unos textos completos de Levítico y los Salmos. Otro habla de un rollo que contiene los cinco libros de Moisés. Muchos misterios parecen rodear algunos de los últimos descubrimientos. Hacia finales de mayo de 1956 la prensa en Gran Bretaña y en los Estados Unidos informó que el profesor Albright habría dicho que dos rollos fueron robados por beduinos bajo las mismas narices de los guardianes; pero esta afirmación fue inmediatamente negada por el señor Lankester Harding, que dijo que él tenía los rollos. Tendremos que esperar a una información más contrastada y a una reproducción fotostática antes de poder hablar del tema con un poco de confianza. Pero todo parece como si nos tuviéramos que preparar para más revisiones de los rollos del mar Muerto.

APÉNDICE

QUMRÁN EN EL SIGLO XXI
CAMBIOS Y PERSPECTIVAS DESPUÉS DE 50 AÑOS DE ESTUDIOS[1]

Florentino García martínez
Universidad de Lovaina

Pretender decir algo completamente nuevo sobre los manuscritos de Qumrán después de 50 años de estudio, me parece imposible.[2] El descubrimiento inesperado de estas colecciones de manuscritos judíos, anteriores a la destrucción del Templo por los romanos en el caso de Qumrán, y contemporáneas con la revuelta de Bar Kochva en el caso de las otras cuevas, ha dado origen a una nueva disciplina en el dominio de los estudios hebreos y judíos (la "qumranología" con sus cátedras universitarias, sus institutos de investigación, sus congresos, revistas especializadas, etc.) y a una verdadera industria editorial que sigue en expansión, y en la que todos los aspectos de los manuscritos son largamente explotados, analizados e interpretados desde todos los ángulos posibles y en la que todas las hipótesis, incluso las más descabelladas, encuentran un público ávido y no siempre crítico.[3] Hoy día nos hallamos, pues, muy lejos del momento en el que F.F. Bruce escribió su síntesis, clara, iluminadora y muy bien informada,

---

[1] El presente texto reproduce la conferencia dictada por el autor en el IV Simposio de la Asociación Española de Estudios Hebreos y Judíos (AEEHJ), Avila, 2 de junio de 2006, puesta al día y anotada para completar la traducción castellana del libro de F.F. Bruce, *Los rollos del mar Muerto*.

[2] Con motivo de los 50 años del descubrimiento de los manuscritos fueron publicadas numerosas obras de síntesis en las que se daba cuenta de los principales avances realizados en la investigación. Entre estas publicaciones las obras colectivas, Flint, VanderKam, 1998-1999, Schiffman, Tov, VanderKam, 2000, y Schiffman, VanderKam, 2000, me parecen las más significativas.

[3] García Martínez, 1999: 235-44.

Los rollos del mar Muerto, un momento en el que solo algunos textos eran conocidos, y en el que (como indica en el epílogo) la cueva 11 aún no había sido descubierta.[4]

Por eso yo no voy a intentar decir nada nuevo sobre los manuscritos de Qumrán. Lo único que pretendo es resumir brevemente tres aspectos de la investigación actual sobre estos manuscritos, aprovechándome de la posición privilegiada en la que me encuentro para saber "por dónde van los tiros" en esta investigación (ya que soy el editor de la Serie *Studies in the Texts of the Desert of Judah* [STDJ] de Brill, donde se publica lo mejor de la investigación actual, y de la Serie *Studies in the Dead Sea Scrolls and Related Literature* de Eerdmans que intenta presentar a un público más general los resultados de la investigación, así como el editor de la *Revue de Qumrân* y miembro del consejo de *Dead Sea Discoveries,* las dos revistas especializadas en el estudio de los manuscritos. Esta posición privilegiada, aunque exige muchas horas de lectura, me permite estar al corriente no solo de lo que se publica, o de lo que no se publica, sino de lo que va a publicarse en el futuro).

En realidad los puntos a tratar podrían ser muchos más, pero tres es un número perfecto, empleado en la retórica, y fácil de recordar.

Estos tres puntos son:

- **Los cambios** que se han realizado en la manera de analizar los textos una vez que la totalidad de los manuscritos ha sido publicada en la serie oficial *Discoveries in the Judaean Desert* [DJD],[5] desde que los manuscritos resultaron accesibles a todos los investigadores en 1991, y que los fragmentos más importantes fueron accesibles en los dos volúmenes de mi *Study Edition*[6] y en los seis volúmenes del *Reader* de Brill.[7]

- Las principales **polémicas** de hoy día. Por supuesto, en este punto tendré que ser muy selectivo para no perdernos en "batallitas" interminables, ya que la polémica parece ser el

---

[4] Los materiales de esta cueva han sido publicados en Sanders, 1965, y en García Martínez, Tigchelaar y van der Woude, 1998. Ver García Martínez 2010b.

[5] Esta serie es publicada por la Clarendon Press de Oxford. El primer volumen apareció en 1955. El volumen 39, con los índices fue publicado en 2002. Y el último volumen de la serie, el 40, en el 2009.

[6] García Martínez, Tigchelaar, 1997-1998.

[7] Parry, Tov, 2005.

estado natural de la qumranología desde el comienzo mismo del descubrimiento de los manuscritos, como nos lo prueba el libro de F. F. Bruce.

Las **perspectivas** que yo creo ver perfilarse desde el observatorio privilegiado en el que me encuentro y que, en mi opinión, van a desarrollarse en los años próximos.

1. *CAMBIOS EN LA INVESTIGACIÓN*

Para poder comprender el cambio de perspectiva en la investigación actual sobre los manuscritos motivado por la disponibilidad de todos ellos desde 1991,[8] hay que tener bien presente que el marco de interpretación general, el contexto hermenéutico, se había ya formado tomando como base los manuscritos de la cueva 1, los únicos publicados en los primeros años de investigación. El libro de F. F. Bruce nos ofrece un ejemplo perfecto de lo que era ese marco de interpretación, puesto que se basa únicamente en esos manuscritos de la cueva 1, y en las pocas noticias entonces conocidas de algunos fragmentos de la cueva 4. Es decir, que el contexto hermenéutico había sido formado con un número limitado de textos que presentaban un perfil particular. Estos textos eran: - dos copias del libro de Isaías, con numerosas variantes, desde luego, pero fundamentalmente del mismo tipo textual que el texto masorético;[9] - una composición aramea, el *Génesis Apócrifo*,[10] que en parte ampliaba la historia de los Patriarcas con nuevos detalles y en parte traducía casi literalmente el texto masorético.[11] Esta composición era semejante a otros apócrifos judíos ya conocidos, como el *Libro de los Jubileos* o las *Antigüedades Judías* del Pseudo Filón; - y, junto a estos dos manuscritos bíblicos y uno para-bíblico, cuatro composiciones totalmente desconocidas (la *Regla de la Comunidad,*[12] la *Regla*

---

[8] Fecha en la que como resultado de la fuerte presión mediática, la Israel Antiquities Authority, autorizó a todos los investigadores el libre acceso a los manuscritos, acceso previamente restringido a los miembros del comité internacional de edición.

[9] Publicadas por Burrows, 1950: plates I-LIV (1QIs^a) y por Sukenik, 1955: plates 1-14 (1QIs^b).

[10] Los títulos de los manuscritos son los adoptados en García Martínez, 1992.

[11] Avigad, Yadin, 1956.

[12] Publicada por Burrows, 1951.

de la Guerra,[13] los *Himnos* o *Hodayot*[14] y el *Pesher de Habacuc*[15]) que nos revelaban por vez primera la existencia y forma de vida de un grupo judío del que previamente no sabíamos nada, de su pensamiento religioso y de su forma de interpretar el texto bíblico.

La *Regla de la Comunidad* nos permitía descubrir la existencia de un grupo particular, con sus normas propias, su estructura jerarquizada y con elementos doctrinales característicos y exclusivos, como el dualismo, la predestinación, el mesianismo bicéfalo, etc. Un grupo que no correspondía a nada de lo que sabíamos de los grupos judíos de la época. Los *Himnos* nos ofrecían una poesía fuertemente personal y de grande densidad teológica, perfectamente compatible con las ideas peculiares de la *Regla de la Comunidad*. El *Pesher de Habacuc* nos confrontaba con una interpretación del texto bíblico en función de la historia propia y de los conflictos exteriores e interiores del grupo. Y la *Regla de la Guerra*, nos revelaba la ardiente espera escatológica del grupo, orientado hacia un combate final y definitivo de las fuerzas del mal (los 'Hijos de las Tinieblas') y de las fuerzas del bien (los 'Hijos de la Luz'), con los que los miembros del grupo se identificaban.

En resumen, pues, estos primeros manuscritos, que formaron el marco hermenéutico en el que las publicaciones sucesivas de otros textos iban integrándose, contenían junto a dos textos bíblicos y uno para-bíblico, un número más extenso de textos (cuatro) pertenecientes a un grupo de carácter sectario, que se había retirado al desierto esperando el final de los tiempos, un grupo muy diferente del Judaísmo que se impondrá después de la destrucción del templo y de la derrota de Bar Kochbah, pero que presentaba semejanzas notables de pensamiento y de estructura con las primeras comunidades cristianas. Por eso me parece totalmente normal que la investigación se concentrara durante muchos años en determinar la naturaleza de este grupo, trazar su historia, precisar sus relaciones con otros grupos conocidos y sus conexiones con las primeras comunidades cristianas. El libro de F. F. Bruce es perfectamente representativo de estos esfuerzos. En consecuencia, la totalidad de los manuscritos no bíblicos de la colección eran vistos como

---

[13] Sukkenik, 1955: plates 15-34.
[14] Sukenik, 1955: pales 35-58.
[15] Burrows 1950: plates LV-LXI.

productos de este grupo, e incluso en los manuscritos bíblicos se buscaban detalles que pudieran reflejar el pensamiento peculiar del grupo (en el Targum de Job[16] o en el gran rollo de Isaías[17], por ejemplo).

Este cuadro hermenéutico global no se vio en absoluto afectado por la publicación esporádica de algunos otros textos, ni por la publicación en los años setenta de los manuscritos del *Libro de Henoch*[18] (otro apócrifo) y del *Rollo del Templo*[19] (percibido en la época como producto del mismo grupo sectario).

A partir de los años noventa la situación cambió radicalmente gracias a la decisión de la *Israel Antiquities Authority* de autorizar el acceso a los manuscritos a todos los investigadores y de ampliar el equipo internacional de los encargados de su publicación. El resultado es que ahora todos los manuscritos hallados han sido publicados y la colección entera puede ser estudiada en conjunto. Y es esto lo que ha transformado la manera de comprender los manuscritos, incluyendo las grandes composiciones de la Cueva 1.[20]

No se trata solo de que ahora disponemos de más textos (hasta 1990 poseíamos 9 volúmenes de la Serie DJD, y ahora tenemos 40), sino de que las proporciones de las tres categorías de textos que componen la colección (textos bíblicos, textos para-bíblicos y textos sectarios) ha cambiado dramáticamente. Si entre los primeros siete grandes manuscritos los textos sectarios constituían la mayoría, en el conjunto de los 900 manuscritos, el número de composiciones que pueden considerarse el producto de una comunidad particular y sectaria, se ha reducido a una pequeña minoría a pesar de las numerosas copias halladas de cada una de esas composiciones sectarias en las distintas cuevas. De hecho, en las publicaciones más recientes creo percibir una tendencia a cambiar las etiquetas y a negar el carácter sectario a composiciones cuyo carácter "qumránico" era previamente admitido sin ningún problema. Por ejemplo, y a pesar del evidente bilingüismo de la comunidad de Qumrán, un buen número de investigadores niegan el carácter sectario de todas las composiciones escritas en arameo por el simple

---

[16] Tuinstra, 1970.
[17] Brownlee, 1964.
[18] Milik, 1976.
[19] Yadin, 1977.
[20] García Martínez, 2010a.

hecho de estar escritas en ese idioma.[21] Si la presunción general precedente (la posición de defecto en el lenguaje de los ordenadores) era que todo texto encontrado en las cuevas era de origen qumránico mientras no se probase lo contrario (como era el caso de los textos bíblicos o de textos paleográficamente anteriores a la existencia de la comunidad qumránica), la posición actual es que ningún texto es de origen qumránico a no ser que este origen pueda ser probado positivamente.

Con relación a los textos bíblicos, su proporción en el conjunto no ha cambiado radicalmente; su porcentaje sigue oscilando en torno al 25% del total de manuscritos. Lo que ha cambiado profundamente es la caracterización de muchos de estos textos, su "filiación". Si los dos grandes manuscritos de Isaías de la cueva 1 eran del tipo textual que llamamos "proto-masorético", las otras cuevas nos han ofrecido muchos textos del tipo "proto-setenta" o del tipo "proto-samaritano" y aún muchos más que no pueden alinearse con ninguno de los tres tipos clásicos del texto bíblico, pues mezclan características y lecturas de estos tres tipos textuales, que atestiguan diversas ediciones del texto bíblico, o simplemente presentan una pluralidad textual inesperada. Esta variedad de textos bíblicos, evidente una vez que el conjunto ha sido publicado, nos muestra que, antes del establecimiento de un texto único reconocido como autoritativo, existía una gran variedad de textos que convivían con la misma autoridad en un mismo espacio geográfico y humano. Esta circunstancia nos obliga a transformar nuestras categorías respecto a la normatividad de los textos sagrados y nuestra comprensión del proceso de formación de textos canónicos; incluso nos lleva a relativizar el concepto mismo de texto "bíblico", ya que encontramos ciertos manuscritos respecto a los que no sabemos si la etiqueta de "bíblicos" les es adecuada o si deberíamos calificarlos como "para-bíblicos".[22]

Es precisamente en esta categoría de textos "para-bíblicos" (en la que incluimos los textos designados como apócrifos, pseudoepigráficos, etc., es decir, todas aquellas composiciones que no han sido conservadas en la Biblia hebrea y que no presentan las características sectarias de las obras qumránicas) donde las proporciones han cambiado más dramáticamente. Si entre los primeros siete grandes manuscritos una sola

---

[21] Por ejemplo, Dimant, 1995: 34-35.
[22] García Martínez, 1991.

composición (el *Génesis Apócrifo*) representaba este tipo de literatura, ahora vemos que se trata de la categoría más abundantemente representada. El número de manuscritos de este tipo sobrepasa el número de manuscritos bíblicos y el de manuscritos sectarios, e incluso la suma de ambas categorías. Y es precisamente en los textos de esta categoría en los que la investigación actual se concentra mayoritariamente.[23] Por ejemplo, en los textos sapienciales que nos ofrecen un tipo de sabiduría diferente de la sabiduría bíblica, en la que junto a sabiduría práctica de Qohelet o de Ben Sirach encontramos un componente escatológico acentuado.[24] O en los textos considerados como "reescrituras bíblicas", cuyo estudio ha llevado a replantear lo apropiado de nuestras categorías, formadas en una perspectiva "canónica" de lo que es "Biblia", y obliga a reconocer que en el contexto histórico de la colección estas categorías no son adecuadas, puesto que los escritos autoritativos dentro de la colección no corresponden con lo que posteriormente serán los escritos canónicos de la Biblia.[25]

La presencia masiva de este tipo de composiciones para-bíblicas nos obliga a reconsiderar la colección en su conjunto así como sus relaciones con el grupo, ciertamente sectario, que reunió la colección y que nos la ha transmitido. En esencia, esto significa que la mayoría de los manuscritos de Qumrán no son ahora vistos como testigos del pensamiento y de la práctica del grupo, pequeño y marginal, de seguidores del Maestro de Justicia que se retiraron al desierto esperando el final de los tiempos, sino como los restos de la literatura, de la teología y de las prácticas del Judaísmo anterior a la destrucción del Templo en su conjunto, un Judaísmo mucho más diversificado y multiforme que todo lo que podíamos imaginar antes del descubrimiento de estos manuscritos. Esta perspectiva, todavía en vías de desarrollo, en lugar de reducir el valor del descubrimiento, lo multiplica y lo hace mucho más interesante. Ahora resulta imposible descartar los manuscritos como representantes de un fenómeno marginal y menor (como lo fue sin duda la comunidad de Qumrán), sino que esta enorme biblioteca se nos presenta como expresión de la diversidad y de

---

[23] Chazon, Dimant, Clements, 2005.
[24] Por ejemplo, Hempel, Lange, Lichtenbrger, 2002; García Martínez, 2003; Collins, Sterling, Clements, 2004.
[25] Por ejemplo, Ulrich, 1999, White Crawford, 2008, García Martínez 2010.

la riqueza del Judaísmo pre-cristiano, un Judaísmo más rico, complejo, diversificado y pluralista que lo que el Judaísmo de la época rabínica nos permitía imaginar.

La publicación de la totalidad de los textos ha transformado también la manera de comprender los grandes manuscritos sectarios y la evolución de la comunidad de Qumrán. Las copias de la *Regla de la Comunidad* y del *Documento de Damasco* provenientes de la cueva 4, por ejemplo, nos han enseñado que las versiones de estos documentos de la Cueva 1 y de la Geniza de El Cairo no son más que una de las formas existentes de estos documentos fundamentales de las respectivas comunidades.[26] A pesar de su carácter fragmentario, estas otras copias nos revelan otras redacciones no solo más cortas o más largas, sino con cambios profundos en la ideología, en la legislación y en la práctica y organización de las comunidades a las que se dirigen. Y la influencia mutua, en niveles redaccionales distintos, de estos dos documentos, así como la existencia de otras composiciones mixtas, nos obligan por una parte a revisar las relaciones entre las comunidades a las que estos dos documentos se dirigen,[27] y por otra a cuestionar lo apropiado de la distinción corriente entre composiciones "sectarias" y composiciones "no sectarias",[28] ya que en todas ellas son empleadas las mismas estrategias para afirmar su autoridad dentro de la colección en su conjunto.[29] Lo mismo sucede con la *Regla de la Guerra*; otras copias de la cueva 4 y otros textos relacionados con esta composición hallados en las cuevas 4 y 11 nos permiten discernir la evolución de la espera escatológica del grupo y la intervención en la gran batalla de otros protagonistas, como un Mesías guerrero, ausentes en la copia de la cueva 1.[30]

La nuevas copias de los *Hodayot* provenientes de la cueva 4, con un orden distinto de los himnos y con la inclusión de otros poemas, nos muestran la evolución de la colección, nos permiten distinguir distintos niveles de lectura y de apropiación de un núcleo original (que se puede atribuir tal vez al mismo Maestro de Justicia), diferenciar su empleo en diversas circunstancias, e incluso discernir la evolución de

---

[26] Metso, 1997; Hempel, 1998.
[27] Schofield, 2009, Collins, 2010.
[28] García Martínez, 2008.
[29] García Martínez, 2010c.
[30] Duhaime, 2004; García Martínez, 2010d.

determinados teologúmenos.[31] La publicación de la totalidad de la colección influye incluso en el caso de composiciones, como el *Pesher de Habacuc,* de las que no ha aparecido ninguna otra copia, puesto que otras composiciones, como los *Comentarios al Génesis* de la cueva 4, nos revelan que tambièn dentro de la Comunidad de Qumrán eran practicados otros tipos de exégesis del texto bíblico, completamente distintos de la interpretación profética y actualizante de los *pesharim.*[32]

No creo que haga falta insistir más en que la publicación de la totalidad de los manuscritos es un factor determinante en la nueva manera de comprender todos los textos de Qumrán, los bíblicos, los para-bíblicos y los sectarios, en este siglo XXI. Evidentemente, este trabajo está aún en cantera. Yo diría incluso que se halla en sus comienzos. Más que en el momento de ofrecer soluciones estamos en el de plantearnos las preguntas pertinentes. Y esto es ya un gran paso en la labor científica de cualquier disciplina.

2. POLÉMICAS

La polémica parece ser una característica constituyente de los estudios qumránicos, y esto desde el momento del descubrimiento de los manuscritos, como testimonia el libro de F. F. Bruce. Yo aquí, voy a limitarme a indicar tres aspectos de la investigación sobre los que se discute ásperamente (y en los que los golpes bajos, que no tienen nada de académico, no parecen estar excluidos):
a) Polémicas en la interpretación de los elementos materiales (digamos en la interpretación de los datos de las excavaciones de Qumrán).
b) Polémicas en la interpretación de textos concretos.
c) Polémicas sobre la comprensión de la comunidad de Qumrán.

a) Entre las polémicas en curso, la más importante y actual es sin duda alguna sobre la interpretación de los datos arqueológicos. Puesto que las excavaciones de De Vaux no han sido aún publicadas de manera integral y completa,[33] y las

---

[31] Schuller 2001; Stegemann, Schuller, 2009.
[32] Bernstein, 1994; Broke, 1996.
[33] Hasta ahora solo han aparecido dos volúmenes: Humbert, Chamborn, 1994 y Humbert, Gunneweg 20003.

excavaciones israelitas realizadas entre los años 1993 y 2004 circulan, únicamente, en informes preliminares muy escuetos e incompletos,[34] me parece evidente que las disputas en lugar de calmarse continuarán durante los años próximos; únicamente cesarán cuando todos los restos hallados durante las excavaciones hayan sido publicados íntegramente, analizados en profundidad y dotados de un contexto estratigráfico preciso. Mientras tanto, la disputa sobre la interpretación de las ruinas de Qumrán y del cementerio adyacente, las relaciones entre ruinas y cuevas (con su cerámica común), y las relaciones de los manuscritos con las cuevas, serán motivo de discordia.

También, las interpretaciones más o menos fantásticas de los Donceel (que hacen de Qumrán una villa rústica),[35] de Norman Golb (que considera Qumrán una fortaleza)[36] de Crown y de Cansdale[37] (que ven en Qumrán un centro de aduanas del mar Muerto), de Stegemann (que hace de Qumrán una casa editorial),[38] de Patrich (que lo transforma en una fábrica de perfumes),[39] de Yzhak Magen y Yuval Peleg (que lo convierten en una fábrica de cerámica),[40] de Yizhar Hirschfeld (que ve en Qumrán una granja especializada en la producción de miel, dátiles y bálsamo),[41] continuarán teniendo sus defensores empedernidos (y esta lista de interpretaciones no es completa, puesto que solo menciona las interpretaciones más serias).

Es muy instructivo el comparar las dos últimas monografías sintéticas sobre la arqueología de Qumrán recientemente publicadas por dos arqueólogos profesionales: Jodi Magnes, *The Arcaheology of Qumran* de 2003[42] y Yizhar Hirschfel, *Qumran in Context* de 2004.[43] Jodi Magnes confirma substancialmente la síntesis de De Vaux sobre la ocupación comunitaria y el carácter religioso de las ruinas, aunque con una cronología más baja que elimina el primer período de ocupación comunitaria de De Vaux; mientras que Yizhar Hirschfel elimina todo aspecto comunitario y religioso de las ruinas, intentando

---

[34] Magen, Peleg, 2006.
[35] Doceel, Donceel-Voûte, 1994.
[36] Golb, 1995.
[37] Crown, Cansdale, 1994.
[38] Stegemann, 1993.
[39] Patrich, 1994.
[40] Magen, Peleg, 2006.
[41] Hirschfeld, 2004.
[42] Magnes, 2003.
[43] Hirschfeld, 2004.

integrarlas en un contexto regional y en paralelo con otras fortalezas hasmoneas y con granjas agrícolas de la nobleza jerusolimitana. Aún más instructiva (para tener una idea de las polémicas, más que para llegar a resultados definitivos) es la lectura de uno de los últimos volúmenes publicados en la serie *Studies on the Texts of the Desert of Judah*, aparecido recientemente, editado por Katharina Galor, Jean-Baptiste Humbert y Jürgen Zangenberg, y que lleva por título: *The Site of the Dead Sea Scrolls: Archaeological Interpretations and Debates*,[44] porque allí, en un solo volumen se pueden escuchar las voces más discordantes. Jean Baptiste Humber, el sucesor de De Vaux y responsable de la publicación de las excavaciones de Qumrán, defiende que Qumrán, después de haber sido una residencia invernal de los reyes hasmoneos, fue transformado por los esenios en un centro religioso para los miembros que vivían en los alrededores del mar Muerto, es decir, en un lugar de culto, con sus altares para los sacrificios, sus lugares de purificación, sus talleres, etc., algo así como un centro de peregrinación esenio en el que los miembros se reunían para celebrar sus devociones.[45] Junto a él, Magen y Peleg proponen su interpretación como fábrica de cerámica,[46] y Hirschfeld su interpretación agrícola.[47] Y junto a estos trabajos, se escuchan las voces de Doudna, que considera una "quimera" (son sus palabras) que el depósito de manuscritos en las cuevas se hiciera en el año 68 del siglo primero de la era cristiana, y defiende que los manuscritos fueron depositados en el siglo primero antes de Cristo;[48] la de Joan Taylor que defiende que el periodo III de Qumrán (la ocupación romana) duró varias décadas;[49] la de Mirielle Bélis que postula la producción de índigo en Ain Feshkha,[50] y la de Patrich que defiende la producción de bálsamo en Qumrán;[51] mientras que Magen Broshi y Hanan Eshel niegan la posibilidad total de agricultura en Qumrán, y aunque consideran el cultivo de dátiles en Ain Feshkha probable, afirman que las características del terreno del oasis y la salinidad del agua de las fuentes hacen allí

---

[44] Galor, Humbert, Zangenberg, 2006.
[45] Humbert, 2006.
[46] Magen, Peleg, 2006.
[47] Hirschfeld, 2006.
[48] Doudna, 2006.
[49] Taylor, 2006.
[50] Bélis, 2006.
[51] Parich, 2006.

imposible tanto el cultivo de índigo como el del bálsamo.[52] Una verdadera cacofonía.

Como ven, no son las polémicas sobre los elementos materiales las que faltan, y sobre ellas podríamos hablar durante horas. Antes de pasar al segundo tipo de polémicas, no puedo menos que mencionar una de las más agudas y que concierne los restos humanos excavados en el cementerio adyacente a las ruinas de Qumrán, tantos los pertenecientes a la colección Kurt, recientemente encontrados en Munich,[53] como los que se encuentran en el Museo del Hombre de París[54] (en ambos casos se trata de los cadáveres excavados por De Vaux, y entregados para su estudio a dos antropólogos, ninguno de los cuales había publicado nada sobre ellos). A diferencia de los teólogos medievales que disputaban sobre el sexo de los ángeles, los antropólogos modernos que han redescubierto estas colecciones disputan sobre el sexo de los huesos. El problema consiste en determinar si se trataba de hombres o de mujeres (lo que no deja de ser importante a la hora de determinar el carácter del grupo al que los muertos pertenecieron). Para De Vaux, los cementerios, salvo muy raras excepciones, contenían cadáveres de hombres, mientras que los antropólogos modernos analizan como femeninos un mayor número de los restos. Y para complicar más las cosas, Joe Zias, un antropólogo del departamento de Antigüedades de Israel (aunque ahora retirado de sus funciones) concluye que en realidad los restos provenientes de los dos cementerios laterales son en realidad huesos de beduinos enterrados únicamente hace un par de siglos, y que no tienen nada que ver con los restos del cementerio central, el único que sería realmente antiguo y estaría relacionado con las ruinas de Qumrán. [55]

Como consecuencia de estas disputas, en los años 2001 y 2002 se realizó una nueva campaña cuya finalidad era la de inventariar todas las tumbas,[56] y que dio como resultado el "hallazgo" de un nuevo cadáver, presentado en seguida como el cadáver de Juan Bautista, después como el de Santiago, o el del Maestro de Justicia, porque estaba asociado con restos de un sarcófago de zinc, y posteriormente como el de un beduino.

---

[52] Broshi, Eshel, 2006.
[53] Röhrer-Ertl, Rohrhirsch, Hahn, 1999.
[54] Sheridan, 2002.
[55] Zias, 2000.
[56] Eshel, Broshi, Freund, Schultz, 2002.

Finalmente, un artículo con el título de "Qumran Archaeology: Skeletons with Multiple Personality Disorders and Other Grave Errors"[57] reveló que en realidad se trataba de restos de tres individuos distintos, datados mediante el carbono 14 hace cuatro, tres y dos mil años respectivamente (lo que probaba que no podían haber pertenecido a una misma persona), por lo que el autor del artículo llega a acusar a sus colegas de fraude intencionado. Una acusación que parece sustentarse en la presencia de restos de cadmio en el zinc, señalada en un informe aún inédito, y que excluye que el sarcófago sea realmente antiguo.

b) Las polémicas sobre la interpretación de los textos mismos y de su significado, no tienen nada de nuevo; en realidad forma parte del avance de la investigación, que se hace siempre por tanteos, avances y retrocesos. Lo que es peculiar en la investigación qumránica es que estas disputas no se reducen al ámbito de la academia y de las discusiones sabias en revistas especializadas, sino que saltan de vez en cuando a la plaza pública y sus protagonistas discuten en los periódicos o en las cadenas de televisión. Buenos ejemplos de estas polémicas públicas, resueltas ya hace años, son las disputas mantenidas en la prensa francesa de los años cincuenta sobre la muerte y resurrección del Maestro de Justicia;[58] o las de la prensa española en los años setenta[59] (y posteriormente en la del mundo entero) sobre la interpretación de unos fragmentos mínimos de papiro en griego provenientes de la cueva 7 como restos del Nuevo Testamento; o la disputa en el New York Times en los años noventa sobre un mesías sufriente y crucificado.[60] Pero estas polémicas en sí no tienen nada de extraño y forman parte del quehacer cotidiano de los investigadores, que somos capaces de todo para probar que tenemos razón en la lectura de una sola letra.

Citaré un ejemplo reciente en el que yo mismo me he visto envuelto. En 1999 Strugnell y Harrington, en el volumen 34 de DJD publicaron un gran texto sapiencial, conservado en

---

[57] Zias, 2003.
[58] Ocasionada por la interpretación propuesta por Dupont-Sommer, 1950, de ciertas frases del Pesher Habacuc.
[59] Motivadas por la interpretación dada por O'Callaghan, 1974, a ciertos fragmentos de 7Q.
[60] Originada por la traducción propuesta por Robert Eisenman and Michael Wise para un fragmento de 4Q285. Ver Vermes 1992, García Martínez, 1993.

varias copias, *4QInstruction*, donde en un cierto momento se dice según su traducción: "tampoco trates con deshonor el 'vaso' (*kely* en hebreo) de tu seno"[61] y proponían interpretar la frase como en la Carta primera a los Tesalonicenses, que emplea la palabra *skéuos* en griego, que significa vaso, pero que allí se emplea para designar a la esposa.[62] Cantera-Iglesias, por ejemplo, traduce así el texto paulino: "que cada uno de vosotros sepa adquirir su esposa santa y respetuosamente". Por consiguiente Strugnell y Harrington proponían comprender la frase sobre "el vaso de tu seno" por "no trates con deshonor a tu esposa querida". Enseguida, otros investigadores propusieron interpretar el *kely* como "instrumento," un eufemismo para significar el miembro sexual masculino, un sentido que la palabra hebrea también puede tener, y que da a la frase un significado totalmente distinto.[63] En 2003, Menahm Kister propuso leer la palabra en cuestión (parcialmente conservada en dos manuscritos) no como *kely* sino como *bely* o *belo,* con lo que tanto la esposa como el miembro viril desaparecerían completamente de la escena.[64] En 2006 yo me he sumado a la batalla, no para dirimir el significado de la frase, sino para probar que lo que prima es la lectura correcta del texto, que la primera letra en disputa es un *kaf* y no un *bet*, y que por muy razonable que sea la interpretación de Kister, solo es defendible si se supone un error del copista (lo que siempre es una medida desesperada).[65]

Otro ejemplo bastante reciente y mucho más importante, es la lectura de dos palabras del único documento encontrado, no en las cuevas sino en las ruinas, junto al muro de separación del cementerio, durante las excavaciones dirigidas por Strange en 1996.[66] Se trata de un ostracon. Según los editores (Cross y Eshel en DJD 36 en el año 2000), las quince líneas de escritura en dos cascotes, provenientes de una jarra grande, serían una copia de un contrato de donación de bienes en favor de un miembro de la comunidad de Qumrán. El texto está mal escrito y la tinta muy borrada, por lo que otros paleógrafos no han tardado en proponer otras lecturas.[67] La disputa concierne

---

[61] Strugnell, Harrington, 1999: 93.
[62] Strugnell, Harrington, 1999: 109-110.
[63] Elgvin, 1997 y Smith, 2001.
[64] Kister, 2003.
[65] García Martínez, 2006.
[66] Strange, 2006.
[67] Yaderni, 1997; Puech, 2007.

sobre todo a la palabra *yahad* (la comunidad) de la línea ocho. Según los editores esta línea debería decir algo así como "cuando él cumple (su juramento) a la comunidad."[68] Esto puede darles una idea de la importancia de la cuestión. Si esta lectura pudiera ser confirmada, no solo nos proporcionaría una conexión indudable entre las ruinas y los textos, sino que nos ofrecería la prueba material de que las normas sobre la transferencia de propiedades de los miembros a la comunidad, al final del período de prueba descrito en la *Regla de la Comunidad*, era efectivamente practicado en Qumrán. El asunto es casi demasiado bonito para que pueda ser verdad. Pero me sirve para pasar directamente al tercer tipo de polémicas que quería mencionar, sobre la identificación y los orígenes de la comunidad de Qumrán.

c) Tampoco esta polémica tiene nada de nuevo, aunque en este siglo XXI sigue tan viva como en los primeros años tras el descubrimiento. En esos años se discutía si el nuevo grupo que los textos revelaban correspondía a los esenios, a los zelotas, a los caraítas o a judeo-cristianos de distintos plumajes. El argumento de que el grupo estaba relacionado con los esenios era tan fuerte que ha dominado durante muchos años la investigación, en la que qumranitas y esenios eran considerados como la misma cosa. Pero esta hipótesis, suficiente tal vez para explicar los datos de los manuscritos del la cueva 1 y de las cuevas menores, resulta claramente insuficiente ahora que la totalidad de los manuscritos es accesible.

Algunas de las soluciones que hoy día se presentan (como las que ya he mencionado previamente al hablar de los elementos materiales) rompen radicalmente toda conexión entre los manuscritos, las cuevas y las ruinas. La colección no sería más que una representación accidental de la totalidad de la producción literaria judía del Judaísmo del Segundo Templo. Otras, como la de Lawrence H. Schiffman, se apoyan en determinados manuscritos cuya *halakhah* presenta ciertas correspondencias con la *halakhah* saducea y postula un origen saduceo para la comunidad de Qumrán, que habría sido fundada por sacerdotes sadocitas disidentes, en desacuerdo con la forma en la que el culto en el Templo era celebrado.[69] Otras, como la de Gabriele Boccaccini,[70] privilegia un aspecto

---

[68] Cross, Eshel, 2000: 500.
[69] Schiffman, 1995.
[70] Boccaccini 1998.

de ciertos manuscritos que sitúan el origen del mal en la caída angélica, y sitúa los orígenes de la comunidad en el interior del movimiento henóquico, representante de la tradición apocalíptica que conocemos por los libros de Henoch.

Stegemann ha optado por una solución que le permite continuar fiel a la hipótesis esenia a pesar de la diversidad de las composiciones que aparecen en la biblioteca: la de hacer de los esenios los representantes de la mayoría del Judaísmo de la época, y de la *yahad* la asociación o confederación de todos los grupos judíos (a excepción de los partidarios de los Macabeos) organizada por el Maestro de Justicia, con Qumrán como uno de los centros especializados en la producción de manuscritos.[71] Otros, como John Collins[72] y Elyav Regev,[73] suponen que el término *yahad* no identifica ninguna comunidad concreta como la de Qumrán, sino que es un término que sirve para designar diversos grupos menores de carácter sectario diseminados por todo el país (semejantes a los *mahanot* del Documento de Damasco), y sin ninguna referencia particular al grupo que habitó las ruinas de Qumrán (que para Collins en concreto podría haber sido un grupo elitista en el interior de la *yahad,* que se retiró al desierto).[74]

Para acabar con todas estas polémicas, voy a aludir a mi propia hipótesis (conocida como "la hipótesis de Groningen") que considera a la comunidad de Qumrán como el resultado de una ruptura en el interior del movimiento esenio, y que sigue siendo un marco hermenéutico eficaz para comprender la diversidad de los textos.[75] Pero hablar de sí mismo no es muy elegante, por lo que es mejor pasar directamente al tercer punto que quería mencionar: las perspectivas de la investigación que yo creo ver dibujarse en filigrana y que, si no me equivoco, se ampliarán en los años venideros.

3. PERSPECTIVAS

Aunque yo no poseo ninguna de las cualidades proféticas del Maestro de Justicia, creo poder indicar sin temor a equivocarme demasiado, algunas de las líneas de investigación que van a

---

[71] Stegemann, 1992
[72] Collins, 2006; Collins, 2010.
[73] Regev, 2003.
[74] Collins, 2006: 90.
[75] García Martínez, 1988, García Martínez, 2010f.

intensificarse en los años próximos. Por ejemplo, el estudio de los manuscritos designados como "literatura para-bíblica" en cuanto representantes de la gran variedad reinante en el pensamiento, la teología y la *halakha* del Judaísmo de la época. No creo tampoco equivocarme señalando entre ellos el estudio de los textos sapienciales, como 4QInstruction, para recuperar una tradición sapiencial ciertamente distinta de la bíblica, o la recuperación de corrientes de pensamiento, como la tradición enóquica o la tradición levítica, marginadas dentro de la tradición mosáica, pero que están muy presentes en los manuscritos.

Pero prefiero arriesgarme un poco y señalarles dos tendencias más generales que yo creo percibir y que deberían desarrollarse en los años próximos. La primera es lo que podríamos llamar una "rejudaización" de los estudios qumránicos. No me refiero con éste término al hecho de que la presencia de investigadores judíos, que estaban ausentes del primer equipo internacional de editores debido a la situación política de la época, y que es masiva en el equipo ampliado a partir de los años noventa. Tampoco me refiero al hecho de que las publicaciones de investigadores judíos sobre los manuscritos se hayan multiplicado en los últimos años (*Meghillot*, una revista especializada de la Universidad de Haifa está en su octavo año)[76] ni a la consecuencia inevitable de esta multiplicación, puesto que cada investigador incorpora al objeto de su estudio su bagaje propio y su perspectiva particular. Por "rejudaización" me refiero por un lado, al énfasis en el estudio de los aspectos *halakhicos* de los manuscritos, que es percibido como el elemento esencial para comprenderlos, y por otro a la recuperación consciente de su contenido, como si los manuscritos hubieran estado hasta ahora monopolizados por los intereses cristianos.

El contenido legal de ciertos manuscritos, como las copias del *Rollo del Templo*, de la *Carta halakhica*, los nuevos fragmentos del *Documento de Damasco* y los documentos publicados en DJD 35, han reorientado la investigación hacia los aspectos legales como la mejor manera de acercarse al Judaísmo del Segundo Templo, y han llevado a primar esta investigación, en detrimento del estudio de los aspectos más ideológicos,

---

[76] El título hebreo completo es "Meghillot: Estudios sobre los manuscritos del desierto de Judá". Publicada exclusivamente en Hebreo con resúmenes en Inglés.

teológicos, apocalípticos u otros que también se hallan presentes en estas composiciones.[77] Esta corrección de perspectiva es sin duda alguna saludable, y deberá proseguirse puesto que conduce a una comprensión más equilibrada de los textos. Por la forma en la que se pone el énfasis en los aspectos legales, como si fueran el único elemento en los textos, puede conducir, también, a una distorsión de la realidad. Ella puede hacer olvidar que estos aspectos no son en definitiva más que una parte del conjunto, y una parte cuantitativamente minoritaria. Entre los cuatro volúmenes de textos "*halakhicos*" (una designación, entre paréntesis, que es totalmente anacrónica) publicados en la serie DJD entre 1994 y 1999 (4QMMT, 4QS, 4QD y 4QTextos Halakhicos) únicamente éste contiene textos en los que la *halakha* es el elemento predominante. En los otros tres, la *halakhah* aparece mezclada con otros muchos elementos no legales que en las obras en cuestión ocupan tanto o más espacio y tienen tanta o más importancia.

El elemento de recuperación apareció claramente en la campaña de prensa que condujo a la decisión de las autoridades israelíes de permitir el acceso sin restricciones a los manuscritos. Los editoriales de BAR de la época hablan por sí mismos, pero se encuentra igualmente en publicaciones de autores tan respetables como Larry Schiffman, que afirmaba que hasta entonces (su libro es del 1994) los estudios qumránicos se habían centrado en el interés que los manuscritos presentaban para comprender el Cristianismo, y que era hora de "librarlos" de esa cristianización y de estudiarlos como documentos que pertenecen a la historia del Judaísmo.[78] A pesar del lo exagerado de estas afirmaciones y de que olvidan que el interés mayor de los manuscritos, desde el punto de vista cristiano, consiste precisamente en la luz que aportan sobre el Judaísmo en el que el Cristianismo tiene sus raíces, yo pienso que esta recuperación, como el estudio de los elementos *halákhicos* de los manuscritos, seguirá creciendo en el futuro y será una de las líneas centrales de la investigación.

---

[77] Ver, por ejemplo, los volúmenes colectivos Bernstein, García Martínez, Kampen 1995, y Fraade, Shemes, Clements, 2006, así como la abundante bibliografía recogida en Harrington, 2004.
[78] Schiffman 1994: xxiii.

La otra gran tendencia que veo dibujarse y que debería igualmente desarrollarse en el futuro es lo que yo llamaría una "recristianizaición" del estudio de los textos, paralela y complementaria con la "rejudaización". Estoy convencido de que las falsas polémicas sobre la presencia o no de textos neotestamentarios en Qumrán, o sobre los posibles o imposibles contactos de Jesús, del bautista, o de los primeros cristianos, con Qumrán, dejarán de orientar la investigación sobre falsas pistas y no ocuparán más la actualidad. Pero, por el contrario, la búsqueda en los manuscritos de elementos que nos ayuden a comprender mejor y a explicar cómo el Cristianismo se enraíza en el Judaísmo multiforme y plural no dejará de crecer y aumentar.[79]

Las riquezas de los textos ahora accesibles no han sido todavía explotadas, y la luz que pueden proporcionar al estudio del Nuevo Testamento se extiende a todos los niveles. El motivo es claro y simple. Los textos de Qumrán llenan en parte el vacío que había entre el Antiguo y el Nuevo Testamento, entre la Biblia hebrea y el Evangelio cristiano. Gracias a ello, la tarea de comprender los orígenes del fenómeno cristiano, de su entronque en la tradición bíblica, de su apropiación de desarrollos teológicos ya adquiridos en el mundo judío, de su participación en las normas de vida comunes a distintos grupos de la misma época, resulta ahora posible. Y en consecuencia resulta visible el enraízamiento profundo del cristianismo en la historia, su desarrollo propio, su toma de posición frente a otros grupos judíos que participan de los mismos orígenes pero que optan por desarrollos distintos.

Si yo no me equivoco completamente, estas dos tendencias (de una parte "rejudaización" de otra parte "recristianización") dominarán la investigación qumránica en el futuro. Juntas nos permitirán avanzar en la comprensión de los textos. Por supuesto, ciertas polémicas continuarán, puesto que forman parte integrante del avance científico que se realiza siempre a tientas y con tropezones. Las hipótesis y los marcos hermenéuticos cambiarán sin duda alguna, siguiendo el progreso en la comprensión de los textos. Pero "la más grande

---

[79] Como lo prueban las colecciones de estudios de Brooke, 2005 y García Martínez 2009.

aventura bíblica del siglo XX" continuará su desarrollo en el siglo XXI, iluminándonos el período clave de la Palestina del siglo primero, en la que tanto el Judaísmo rabínico como el Cristianismo hunden sus raíces.

BIBLIOGRAFIA

Aranda Pérez, G., M. Pérez Fernández y F. García Martínez (1996), *Literatura judía intertestamentaria*, Verbo Divino, Estella.
Avigad, N., y Y. Yadin (1956), *A Genesis Apocryphon. A Scroll from the Wilderness of Judaea*, The Magness Press, Heikhal ha-Sefer, Jerusalem.

Bélis, M. (2006), *The Production of Indigo Dye in the Installations of Ain Feshka*, in Galor, Humbert, Zangenberg 2006: 253-261.
Berstein, M. J. (1994), *4Q252: From Re-Written Bible to Biblical Commentary*, Journal of Jewish Studies 45: 1-27.
Boccaccini, G. (1998), *Beyond the Essene Hypothesis. The Parting of the Ways between Qumran and Enochic Judaism*, Eerdmans, Gran Rapids.
Brooke, G. J. (1996), *4Q252 as Early Jewish Commentary*, Revue de Qumrân 17/65-68: 385-401.
— (2005), *The Dead Sea Scrolls and the New Testament*, Augsburg / Fortress Press, Minneapolis.
Broshi, M., Hanan E. (2006), *Was There Agriculture at Qumran?* in Galor, Humbert, Zangenberg 2006: 249-252.
Brownlee, W. H. (1964), *The Meaning of the Qumran Scrolls for the Bible. With Special Attention to the book of Isaiah*, Oxford University Press, Oxford.
Burrows, M. (1950), *The Dead Sea Scrolls of St. Mark Monastery*. Volumen I: The Isaiah Manuscript and the Habakkuk Commentary, The American Schools of Oriental Research, New Haven.
— (1951), *The Dead Sea Scrolls of St. Mark Monastery*. Volumen II, Fascicle 2: Plats and Transcription of the Manual of Discipline, The American Schools of Oriental Research, New Haven.

Casciaro Ramírez, J.M. (1982), *Qumrán y el Nuevo Testamento*, EUNSA, Navarra.

Charlesworth, J.H. (2007), *Jesus and the Dead Sea Scrolls*, Yale University Press, New Haven.

Chazon, E.G., Dimant, D., Clements, R.A. (2005), *Reworking the Bible: Apocryphal and Related Texts at Qumran*, STDJ 58, Brill, Leiden.

Collins, J. J. (2006), *The Yahad and the 'Qumran Community'* in Hempel, Lieu 2006: 81-96.

— (2010), *Beyond the Qumran Community: The Sectarian Movement of the Dead Sea Scrolls*, Eerdmans, Grand Rapids.

— y G. E. Sterling y R. Clements (2004), *Sapiential Perspective: Wisdom Literature in Light of the Dead Sea Scrolls*, STDJ 51, Brill, Leiden.

— y Craig A. Evans (2006), *Christian Beginnings and the Dead Sea Scrolls*. Baker, Grand Rapids.

Cross, F. M., E. Eshel (2000), KhQ1, in Phann et al. 2000: 497-507.

Crown, A.D., L. Casdale (1994), *Qumran: Was It an Essene Settlement?*, BAR 20/5: 25-35,73-78

Daniélou, J. (1961), *Los manuscritos del mar Muerto*, Editorial Razón y Fe, Madrid.

Delcor, M. y F. García Martínez (1982), *Introducción a la literatura esenia de Qumrán*. Cristiandad, Madrid.

Dimant, D. (1995), *The Qumran Manuscripts: Contents and Significance* in Dimant, Schiffman: 23-58.

— y L. H. Schiffman (1995), *Time to Prepare the Way in the Wilderness*, STDJ 16, Brill, LeidenDonceel, R., P. Donceel-Voûte (1994), *The Archaeology of Khirbet Qumran*, in Wise et al, 1994: 1-38.

Dounda, G. L. (2006), *The Legacy of an Error in Archaeological Interpretation. The Dating of the Qumran Caves Scroll Deposits*, in Galor, Humbert, Zangenberg, 2006: 147-157.

Dupont-Sommer, A. (1950), *Aperçus préliminaires sur les Manuscrits de la mer Morte*, L'Orient Ancien Illustré 4, Maisonneuve, Paris.

Duhaime, J. (2004), *The War Texts, Companion to the Qumran Scrolls*, T&T Clark International, London-New York.

Eisenman, R. (1996), *Dead Sea Scrolls and the First Christians*, Harper Collins, Nueva York.

Elgvin, T. (1977), *'To Master His Own Vessel': I Thess 4: in Light of New Qumran Evidence*, New Testament Studies 43: 604-619.
Eshel, H. (2008), *The Dead Sea Scrolls and the Hasmonean State*, Wm. B. Eerdmans, Grand Rapids.
— y M. Broshi, R. Ferdinand y B. Schultz (2002), *New Data on the Cemetery East of Khirbet Qumran*, Dead Sea Discoveries 9: 135-163.

Falk, D.K., Metso, S., Parry, D.W., Tigchelaar, E.J.C. (2010), *Qumran Cave 1 Revisited*, STDJ 91, Brill, Leiden.
Flint, P.W. (2000), *The Bible at Qumran: Text, Shape, and Interpretation*, Wm. B. Eerdmans, Grand Rapids.
— y J.C. VanderKam (1998-1999), *The Dead Sea Scrolls after Fifty Years: A Comprehensive Assessment*, Volume I and II, Brill, Leiden.
Fraade, S., Shemes, A., Clements, R.A. (2006), *Rabbinic Perspectives: Rabbinic Literature and the Dead Sea Scrolls*, STDJ 62, Brill, Leiden.

Galor, K., J.-B. Humber, J. Zangenberg (2006), *The Site of the Dead Sea Scrolls : Archaeological Interpretations and Debates*, STDJ 57, Brill, Leiden.
García Martínez, F. (1988), *Qumran Origins and Early History: A Groningen Hypothesis*, Folia Orientalia 25: 113-136.
— (1991), *Las fronteras de "lo bíblico"*, Scripta Theologica 23, 759-784.
— (1992), *Textos de Qumrán*. Colección Estructura y Procesos. Serie Religión, Trotta, Madrid.
— (1993), *Los Mesías de Qumrán. Problemas de un traductor*, Sefarad 53: 345-360.
— (1999), *Fifty Years of Research on the Dead Sea Scrolls and Its Impact on Jewish Studies*, in Targarona Borrás, Sáenz-Badillos, 1999: 235-251.
— (2003), *Wisdom and Apocalypticism in the Dead Sea Scrolls and n the Biblical Tradition*, BETL 168, Peeters, Leuven.
— (2006), *Marginalia on 4QInstruction*, Dead Sea Discoveries 13: 24-37.
— (2008), *¿Sectario, no sectario, o qué ? Problemas de una taxonomía correcta de los textos qumránicos*, Revue de Qumrân 23/91: 383-94.
— (2009), *Echoes from the Caves: Qumran and the New Testament*, STDJ 85, Brill. Leiden.

— (2010), *Rethinking the Bible: Sixty Years of Dead Sea Scrolls Research and Beyond*, in Popović 2010:19-36.

— (2010a), *Reconsidering the Cave 1 Text Sixty Years after their Discovery: An Overview,* in Falk, Metso, Parry, Tigchelaar 2010: 1-13.

— (2010b), *Cave 11 in Context,* in Hempel 2010: 199-209.

— (2010c), *Beyond the Sectarian Divide: The 'Voice of the Teacher' as an Authority-Conferring Strategy in some Qumran Texts,* in Metso, Najman, Schuller 2010: 227-244.

— (2010d), *The War Scroll and Related Literature: War and Peace in the Dead Sea Scrolls,* in Lisen, Beentjes 2010: 303-334.

— (2010e), *The Groningen Hypothesis Revisited,* in Roitman, Schiffman, Tzoref (2010): 17-29.

— y J. Trebolle Barrera (1993), *Los hombres de Qumrán: literatura, estructura social y concepciones religiosas,* Trotta, Madrid.

— y E.J.C. Tigchelaar (1997-1998), *The Dead Sea Scrolls Study Edition,* Volume 1 and 2, Brill, Leiden.

— y E.J.C. Tigchelaar y A.S. van der Woude (1998), *Qumran Cave 11. II,* DJD XXIII, Clarendon Press, Oxford.

Golb, N. (1995), *Who Wrote the Dead Sea Scrolls? The Search for the Secret of Qumran,* Scribner, New York.

González Lamadrid, A. (1985), *Los descubrimientos del mar Muerto. Cuarenta años de hallazgos y estudio,* BAC, Madrid.

Harrington, H.K. (2004), *The Purity Texts,* Companion to the Qumran Scrolls, T&T Clark International, London-New York.

Hempel, C. (1998), *The Laws of the Damascus Document. Sources, Traditions and Redactions,* STDJ 29, Brill, Leiden.

— (2010) *The Dead Sea Scrolls: Texts and Contexts,* STDJ 90, Brill, Leiden.

— y A. Lange y H. Lichtenberger (2002), *The Wisdom Texts from Qumran and the Development of the Sapiential Tough,* BETL 159, Peeters, Leuven.

— y J.M. Lieu (2006), *Biblical Traditions in Transmission. Essays in Honour of Michael A. Knibb,* JSJSup 111, Brill, Leiden.

Henze, M. (2004), *Biblical Interpretation at Qumran,* Wm. B. Eerdmans, Grand Rapids.

Hilhorst, A., Puech, E., Tigchelaar E. (2007), *Flores Florentino: Dead Sea Scrolls and Other Early Jewish Studies in Honour of Florentino García Martínez,* JSJS 122, Brill: Leiden.

Hirschfeld, Y. (2004), *Qumran in Context: Reassessin the Archaeological Evdence,* Handrickson, Peabody.
— (2006), *Qumran in the Second Temple Period: A Reassessment,* in Galor, Humbert, Zangenberg 2006: 223-239.
Humbert, J.-B. (2006), *Some Remarks on the Archaeology of Qumran,* in Galor, Humbert, Zangenberg 2006: 19-39.
— y A. Chambon (1994), *Fouilles de Khirbet Qumrân et de 'Ain Feskha.* Vol. 1: Album de photographies. Répertoire du fonds photographiques. Synthèse des notes de chantier du Père Roland de Vaux, NTOA.SA 1, Editions Universitaires-Vandenhoeck & Ruprecht, Fribourg-Göttingen.
— y J. Gunneweg (2003), *Fouilles de Khirbet Qumrân et de 'Ain Feskha.* Vol. 2: Études d'antropologie, de physique et de chimie, NTOA.SA 3, Editions Universitaires-Vandenhoeck & Ruprecht, Fribourg-Göttingen.

Jiménez, M. y F. Bonhomme (1976), *Los documentos de Qumrán,* Cristiandad, Madrid.

Kister, M. (2003), *A Qmranic Parallel to 1 Thess 4:4? Reading and Interpretation of 4Q416 2 ii 21,* Dead Sea Discoveries, 10: 365-370.

Magen, Y., Y. Peleg (2006), *Back to Qumran: Ten Years of Excavation and Research, 1993-2004,* in Galor, Humber, Zangenberg, 2006: 55-113.
Magness, J. (2002), *The Archaeology of Qumran and the Dead Sea Scrolls,* Wm. B. Eerdmans, Grand Rapids.
Metso, S. (1997), *The Textual Development of the Community Rule,* STDJ 21; Brill, Leiden.
— y Najman, H. y E. Schuller (2010), *The Dead Sea Scrolls: Transmission of Traditions and Production of Texts,* STDJ 92, Brill, Leiden.
Milik, J.T. (1976), *The Books of Enoch. Aramaic Fragments of Qumran Cave 4,* Clarendon Press, Oxford.

O'Callaghan, J. (1974), *Los papiros griegos de la cueva 7 de Qumrán,* Biblioteca de Autores Cristianos, Madrid.

Pagán, S. (2002), *El misterio revelado: los Rollos del Mar Muerto y la comunidad de Qumrán,* Abingdon Press, Nashville.

Parry, D., E. Tov (2005), *The Dead Sea Scrolls Reader,* Brill, Leiden.

Patrick, J. (1994), *Khirbet Qumran in Light of New Archaeological Explorations in the Qumran Caves,* in Wise et al. 1994: 73-96.

Paul, A. (2007), *La Biblia antes de la Biblia: la gran revelación de los manuscritos del Mar Muerto,* Desclée de Brouwer, Bilbao.

— (2009), *Qumrán y los esenios. El estallido de un dogma,* Editorial Verbo Divino, Estella.

Phann, S.J., et al. (2000), *Qumran Cave 4. XXVI: Cryptic Texts and Miscellanea, Part 1,* DJD 36, Clarendon Press, Oxford.

Piñero, A. y D. Fernández-Galiano (1994), *Los manuscritos del mar muerto. Balance de hallazgos y de cuarenta años de estudios,* El Almendro, Córdoba.

Popović, M. (2010), *Authoritative Scriptures in Ancient Judaism,* JSJS 141, Brill, Leiden.

Pouilly, J. (1980), *Los manuscritos del Mar Muerto y la comunidad de Qumrán,* Editorial Verbo Divino, Estella.

— (1991), *Qumrán,* Editorial Verbo Divino, Estella.

Puech, E. (2007), *L'ostracon de Khirbet Qumrân (KHQ1996/1) et une vente de terrain à Jéricho, témoin de l'occupation essénienne à Qumrân, en Hilhorst.* Puech, Tigchelaar, 2007, 1-29.

Regev, E. (2003), *The Yahad and the Damascus Covenant: Structure, Organization and Relationship,* Revue de Qumrân 82/21: 233-262.

Röhrer-Ertl, O., F. Rohrhirsch, D. Hahn (1999), *Über die Gräberfelder von Khirbet Qumran, inbesondere die Funde der Campagne 1956. I: Anthropologische Datenvorlage und Erstauswertung augrund der Collectio Kurth,* Revue de Qumrân 19/73: 3-46.

Roitman, A., Schiffman, L.H., Tzoref, Sh. (2010), *The Dead Sea Scrolls and Contemporary Culture. Proceedings of the International Conference held at the Israel Museum, Jerusalem (July 6-8, 2008),* STDJ 93, Leiden, Brill, 2010.

Sanders, J.A. (1965), *The Psalms Scroll of Qumran Cave 11,* DJD IV, Clarendon Press, Oxford.

Schiffman, L.H. (1994), *Reclaiming the Dead Sea Scrolls,* The Jewish Publication Society, Philadelphia – Jerusalem.

— (1995), *Origin and Early History of the Qumran Sect,* Biblical Archaeologist 58/1: 37-48.

— (2009), *Qumran and Jerusalem: Studies in the Dead Sea Scrolls and the History of Judaism,* Wm. B. Eerdmans, Grand Rapids.

— y J.C. VanderKam (2000), *Encyclopedia of the Dead Sea Scrolls*. Volume 1 and 2, Oxford University Press, New York.

— y E. Tov y J.C. VanderKam (2000), *The Dead Sea Scroll Fifty Years After Their Discovery,* Israel Exploration Society, The Shrine of the Book, Jerusalem.

Schofield, A. (2009), *From Qumran to the Yaḥad: A New Paradig of Textual Development for The Community Rule,* STDJ 77, Brill, Leiden.

Schuller, E. (2001), *Some Contributions of the Cave Four Manuscripts (4Q427-432) to the Study of the Hodayot,* Dead Sea Discoveries 8: 273-87.

Shanks, H. (2006), *Los manuscritos del mar Muerto*, Editorial Paidós, Barcelona-Buenos Aires.

Sheridan, S.G. (2002), *Scholars, Soldiers, Craftsmen, Elites? Analysis of the French Collection of Human Remains from Qumran,* Dead Sea Discoveries 9: 199-248.

Smith, J.E. (2001), *Another Look at 4Q416 2 ii 21, a Critical Parallel to First Thessalonians 4:4,* Catholic Biblical Quarterly 63: 499-504.

Stegemann, H. (1992), *The Qumran Essenes – Local Members of trhe Main Jewish Union in Late Second Temple Period,* in Trebolle Barrera, Vegas Montaner 1992: 1: 83-166.

— (1993), *Die Essener, Qumran, Johannes der Täufer und Jesus: Ein Sachbuch*, Spektrum 4249, Herder, Freiburg-Basel-Wien.

— (1996), *Los esenios, Qumrán, Juan Bautista y Jesús*, Trotta, Madrid.

— y E. Schuller (2009), *Qumran Cave 1.III: 1QHodayot^a with Incorporation of 1QHodayob^a and 4QHodayot^{a-f}*, DJD 40, Clarendon Press, Oxford.

Strange, J. F. (2006), *The 1996 Excavations at Qumran and the Context of the New Hebrew Ostracon,* in Galor, Humbert, Zangenberg 2006: 41-54.

Strugnell, J., D. Haarington (1999), *Qumran Cave 4. XXIV: Sapiential Texts. Part 2,* DJD 34, Clarendon Press, Oxford.

Sukenik, E.L. (1955), *The Dead Sea Scrolls of the Hebrew University,* The Magnes Press, The Hebrew University, Jerusalem.

Targarona Borrás, J., A. Sáenz-Badillos, (1999), *Jewish Studies at the Turn of the 20th Century.* Volume I, Brill, Leiden.

Taylor, J. (2006), *Kh. Qumran in Period III,* in Galor, Humbert, Zangenberg 2006: 133-146.

Trebolle Barrera, J. (1999), *Paganos, judíos y cristianos en los textos de Qumrán*, Trotta, Madrid.
— y L. Vegas Montaner (1992), *The Madrid Qumran Congress. Proceedings of the International Congress on the Dead Sea Scrolls, Madrid 18-21 March 1991*, Volume 1 y 2, STDJ 11, Brill, Leiden.
Tuinstra, E.W. (1970), *Hermeneutische aspecten van de Targum van Job uit Grot XI van Qumrân*, Groningen.

Ulrich, E. (1999), *The Dead Sea Scrolls and the Origins of the Bible*, Eerdmans, Grand Rapids.

VanderKam, J., y Peter Flint (2010), *El significado de los rollos del Mar Muerto. Su importancia para entender la Biblia, el judaísmo, Jesús y el cristianismo*, Trotta, Madrid.
Vázquez Allegue, J. (2004), *Para comprender los manuscritos del mar Muerto*, Editorial Verbo Divino, Estella.
Vermes, G. (1992), *The Oxford Forum for Qumran Research. Seminar on the Rule of War from Cave 4 (4Q285)*, Journal of Jewish Studies 43: 85-94.
— (1996), *Los manuscritos del mar Muerto*, Muchnik Editores, Barcelona.

White Crawford, S. (2008), *Rewriting Scripture in Second Temple Times*, Eerdmans, Grand Rapids.
Wise, M.O. et al. (1994), *Methods of Investigation in the Dead Sea Scrolls and the Khirbet Qumran Site : Present Realities and Future Prospects*, ANYAS 722, Academy of Sciences, New York.
— y M. Abegg Jr., y E. Cook (2002), Dead Sea Scrolls, Harper Collins, New York.

Yadin, Y. (1977), *Megillat ham-Miqdash – The Temple Scroll*, 3 vol. + Suppl, Israel Exploration Society, The Institute of Archaeology of the Hebrew University, The Shrine of the Book, Jerusalem.
— (1959), *Los rollos del mar Muerto*, Editorial Israel, Buenos Aires.
— (1985), *The Temple Scroll: The Hidden Law of the Dead Sea Sect*, Random House, New York.
Yardeni, A. (1997), *A Draf of a Deed on an Ostracon from Khirbet Qumran*, Israel Exploration Journal 47: 233-237.

Zias, J. (2000), *The Cemeteries of Qumran and Celibacy: Confusion Laid to Rest?*, Dead Sea Discoveries 7: 220-253.
— (2003), *Qumran Archaeology: Skeletons with Multiple Personality Disorders and Other Grave Errors*, Reve de Qumrân 21/81: 83-98.

www.ingramcontent.com/pod-product-compliance
Lightning Source LLC
Chambersburg PA
CBHW020906100426
42737CB00044B/387